# 中世イタリアの都市と商人



講談社学術文庫

# 目次

中世イタリアの都市と商人

# 中世イタリアの都市と商人

# I　地中海商業と海賊

ガレー船乗組員の聖母マリアへの誓い

地中海の波はおだやかである。秋から冬までの冷たく風の強い季節を別にすれば、海は時にものうげに、時に青空を映して輝かしく広がっている。日本の海辺にただよっている磯臭さ、あの旺盛な生命感というものはどこにも見当たらないように思える。一介の旅行者はその海から何か非現実的な、抽象的な印象すら受けることがある。

ピサに滞在していた一〇年前、私は何回かピサの南西十数キロのティレニアへでかけたことがある。ここは古くからの海水浴場で、それだけに一種の落着いた雰囲気があった。松林にかこまれた海岸は人も多くなく、ホテルが林立し観光客が群れをなしている新興の観光地とは違った感じを味わうことができるのが気に入っていたのである。

私は浜辺のベンチに腰をおろして、おだやかな海を眺めながらたまたま知り合った一人のイタリア人の言葉を反芻していた。その男とはピサの大聖堂の前の広場で口をきいたのだが、彼は私がピサ史を調べているということを聞くと、「なぜこんな所の歴史を勉強しているのかね。やつらはみな奴隷商人で、人を売ってかねをもうけたのさ。この大きな教会もみなそのもうけの結果だということを知っているかね」と言ったものである。彼がなぜこのようなことを口にしたのか知るよしもないし、それが極端な誇張であることはだれにでも分かるが、それでもなお、その言葉が一面の真理を含んでいることは否定できない。私は、眼の前にひろがるおだやかな海を眺めながら、中世商人の海上交易の意味についてあらためて考えずにはいられなかったのである。

## 一　海上交易と保護費用

アメリカの中世史家で、ヴェネツィア史の権威であるフレデリック・C・レーンに「保護費用」に関する一連の論文がある（同『ヴェニスと歴史』所収）。その主張を要約すれば、商業を考える際には、資本、市場、商品、商業技術、輸送手段などを見るだけでなく、商業活動が円滑に行われるようにその全過程を安全に保つためのコストが重要であることに注意しなければならないというのである。関税や賄賂、あるいはその他の費用が権力者に支払われねばならない。たとえば、東南アジアやインドの香料は、船やアラブ商人のキャラバンによって地中海沿岸のアレキサンドリアやベイルートに運ばれるのであるが、その間に何回もこの保護費用が地方の権力者たちに支払われたのである。したがって、ポルトガル人がケープ航路を開拓し、カリカットから直接に香料をリスボンに輸送したとき、地中海商人の受けたショックが大きかったことはうなずかれる。安い価格で仕入れた香料が、直接かつ大量に市場に輸送されたのである。この時代のポルトガル商人は安い「保護費用」という利益を十分に享受していたわけであるが、このような「保護費用」の安さによる経済的利益を、レーンはプロテクション・レント（Protection Rent）というはなはだ翻訳困難な名称で呼んでいる。

ところで、香料貿易におけるポルトガル人の優位がいつまでも続いたわけではなかった。なにしろケープ航路は長いので、定期的な航海を行うためには、食料や水などの補給基地を設け、さらにカリカットやゴアなどの拠点を確保しなければならない。その上インド商人＝アラブ商人＝イタリア商人という伝統的な香料ルートへ商品が流れないようにチェックしなければならない。ポルトガル船隊がアラブ海軍を打ち破った有名なディウ沖（北西インド）の海戦（一五〇九年）は、まさにポルトガルのケープ航路の利益を確保するために行われた軍事行動であった。こうして、ケープ航路による香料輸送を定期的に行うために、ポルトガルは植民地や補給基地を確保し、軍事力をもってそれを維持せざるをえなくなった。これは膨大な資金をともなう「保護費用」の投下ということを意味する。この費用は、もちろん、香料貿易の利益の一部が充てられることになるわけで、その結果、ポルトガルが一五世紀末から一六世紀初頭にかけて享受したプロテクション・レントの幅が急速に減少することになってしまった。こうして、ポルトガルの香料貿易の独占は、一般に信じられているほど長くは続かなかった。およそ一五二〇年ごろから、地中海の香料貿易は目覚ましい復活をとげ、北西ヨーロッパ向けの香料貿易は、その後約半世紀の間、イタリア商人とポルトガル商人との間で二分されていたといわれる。伝統的なインド商人＝アラブ商人＝イタリア商人の連携は、強い抵抗力をもち続けていたといえよう。

以上のように、前近代における「国際的」商業は「保護費用」の問題を別にしては、考えられない。現代においても同種の問題は形を変えて存在するであろうが、ここでは立ち入らないことにする。

さて、地中海の海上交易の場合を考えてみると、この問題は結局のところ船舶の軍事力の問題に帰着することになるだろう。たとえば、中世地中海における最大の商業勢力として圧倒的な力をふるったといわれる、ヴェネツィアやジェノヴァの場合にも、同様なことが言えるのである。ヴェネツィア人が初めて税を納めることなくビザンチン帝国の諸港に出入りすることが認められたのが一〇八二年であったことは広く知られている。それから一世紀もたたないうちに、帝国の海上貿易の大部分はイタリア人の手に握られてしまったのであった。ヴェネツィアはカール大帝の「西ローマ」帝国に編入されることがなく、法的にはビザンチン帝国の一員としてとどまっていた。これが帝国内での商業活動に有利な条件として作用したことは確かであるが、それだけでは、ジェノヴァ、ピサなどイタリア西岸の都市をも含むイタリア商人の急速な勢力の増大を説明することはできない。地中海南岸における造船用木材の枯渇や、イタリアにおける造船技術の様々な原因を考えることができるであろうがもっとも重要な原因の一つとして先のプロテクション・レントと船舶の軍事力の問題を挙げているのが、W・H・マクニールである（『ヴェネツィア――東西ヨーロッパのかなめ、1081―1797』岩波書店、一九七九年）。

彼によれば、およそ一〇五〇年以後のイタリアでとくに利益が大きかった主要な理由は、利益のうち税金として支払われる部分、あるいは商人の保護の費用にあてられる部分が相対的に小さかったことである。当時のイタリア商人たちは自ら防衛にあたる人びとであり、特別に外部の軍事専門家を多数雇い入れる必要を感じていなかった。ヴェネツィア、ジェノヴァ、ピサなどで都市行政の衝にあたっている者は、いずれも商人ないし商人上がりであった。個々人の間に貧富の差はもちろんあったし、海上交易にはつねに不安定な要因がつきまとっているが、政治的リーダーと商人および船乗りを分つような意識の差は存在しなかったのである。要するにイタリアの都市国家という政治形態は、商人にとってきわめて有利な小回りのきく存在であった。商人たちは、このような政治機構の中でソキエタス（会社ないし組合）のような組織を発展させ、資本の集積とその効果的な運用を行いえたのである。

一方、ビザンチン帝国やイスラム諸国家などの強力で中央集権的な国家においては、主権とその宮廷が必要とする多額な経費、行政、司法上の費用、軍事費などが、結局、税金や貢納という形で商人、手工業者、農民の肩にのしかかってくるのである。とくに、遠隔地貿易に従事する商人たちの巨大な利益は、君主にとって最大の誘惑となった。彼らは利益の多くを君主によって吸い上げられることになったが、これは商業発展にとって重大な障害を作り出した。一一世紀末から一二世紀にかけてノルマン王国が成立した南イタリアにおいて、アマルフィ（ナポリの南）、ガエタ（ローマとナポリの中間）、バリ（東海岸）などの都市とその海上商業が急速に衰退した理由の一つは、このような王権による収奪にあるといえるだろう。以上のような諸国家の商人たちは、北イタリアの小規模な都市国家からやってくる身軽な商人に対し、初めから大きなハンディキャップを負っていた。逆に言えば、北イタリアの商人たちは、ビザンチン、ノルマン王国、イスラム諸国の商人に対して、レーンのいうところのプロテクション・レントを享受していたのである。

## 二　商人と海賊

マクニールが述べているように、当時の海上商人たちは武装商人であった。彼らの軍事力は、当然単なる防衛に限定されるものではなく、機会さえあればただちに相手を攻撃し、その商品を略奪することができるのである。細長い船体と多数のオールを持つ中世地中海特有のガレー船は、速度と操縦性において優れており、戦闘にも、香料のような貴重な商品を輸送するにも適していた。要するに商業活動は容易に海賊活動に転化しうるのであった。厳密に言えば、商業活動と海賊活動を明確に区別する指標は存在しない。相対する両者の勢力が拮抗していれば、取引はその時点での通常の相場で行われるであろう。一方がより強力であれば、相場以下の価格で相手の商品を買うか、高い価格で売りつけるということになろう。そして、一方の武力が圧倒的に優位を占めていれば、相手の商品を無償で奪ってしまうことになる。このように、商業活動と海賊活動の境界は、はなはだ微妙なものなのである。とくに、ビザンチンの勢力下にあった東地中海で比較的安定した商業活動を展開しえたヴェネツィアはともかく、コルシカ、サルディニヤ、バレアレス諸島（マヨルカ島、ミノルカ島など）のイスラム勢力との対決の中で商業圏を拡大したジェノヴァ、ピサ、バルセロナなどの商人は、まさに「海の狼」であった。

一四、五世紀の小話の中にも、しばしばこのような商人＝海賊の姿が見出される。たとえば、ボッカッチョの『デカメロン』（柏熊達生訳、河出書房、一九五五年）の第二日四話に次のような話がある。

南イタリア、サレルノ近傍のある町に富裕な商人がいた。彼は自分の財産に満足しないで、それを倍にふやそうと望んだ。そして大きな船を買って自分の全財産を注ぎこんでさまざまの商品を積み込み、キプロスへとでかけた。ところがキプロスに着いてみると自分が持っていたのと同じ種類の商品を満載した船が何隻も港に入っていて、自分の商品を安値でたたき売るだけでなく、すてねばならないような有様だった。こうして破産の瀬戸際にたちいたったこの商人は、海賊をして損害を取り戻そうとした。そこで自分の大型船を売却し、海賊用の細型の船（おそらくガレー船であろう）を買い込み、武装を整え、他人の、主としてトルコ人たちの財産の略奪にとりかかった。彼はこの仕事で大成功を収め、一年ほどのうちにもとの財産の倍以上の金持になってしまった。そこで故国に帰ろうとした。ところがエーゲ海に入ると、東南の風シロッコが吹き始め、海はひどく荒れてきた。そして沈没のおそれがでてきたので、ある小島の入江の中に避難することにした。ところが、彼の船にすぐ続いて、コンスタンティノープルから帰航中の二隻のジェノヴァの大型帆船が入ってきた。彼らはこの小船を見ると、それが誰のものかを知り、「生来お金の欲に飢え、掠奪の好きな人々」であったので、帆船で入江の出口をふさぎ、その小船の積荷を乗組員もろとも奪いとってしまった。

翌日になると風も変ったので、二隻のジェノヴァ船は出帆した。しかし、夕方になるとまたもや暴風に襲われ、かの商人が乗せられた船はチファロニア島の岩礁に打ちつけられて粉ごなにくだけてしまった。海に投げ出された商人はかたわらに浮いていた木箱にしがみついたまま漂流し、「まるで海綿のようになって」コルフ島に流れ着いて、やっとのことで救助された。元気を回復した商人が、自分の生命を救ってくれたその軽い木箱をこじあけてみると、中には沢山の高価な宝石がつまっていた。こうして、彼は二度も不運に見舞われたにもかかわらず、出発した時に較べて二倍の金持ちになって家に戻ったのであった。

このように、商人は機会がありさえすれば、ただちに海賊になりうるのであった。同じ『デカメロン』の中にもう一つの話がある（第五日二話）。シチリアの近くのリパリ島のある若者が名門の娘に恋をして結婚を申し込んだが、娘の父親に貧乏だからといって断わられてしまった。若者は憤慨して、自分は金持ちにならない限り、リパリ島には絶対に戻らないと誓った。こうして出帆すると、海賊を働いて「自分より力の劣っている者」をかたっぱしから略奪しながら、バルベリア（北アフリカ）の沿岸を遊弋《ゆうよく》し始め、わずかの間に大金持になってしまった。しかし、ある時のこと、サラセン人の船に襲われ必死に防戦したがついに仲間とともに捕えられ財産は略奪されてしまった。大部分の仲間は、サラセン人によって袋にいれられて海に投げこまれ、彼はチュニスに連れて行かれて二年間も牢獄で呻吟する身となった。一方、娘も若者の後を追って単身で船を出して風まかせの航海をしているうち、同じチュニジアのスーザに漂着し、サラセン人の貴婦人の家で召使として仕え、可愛がられることになった。その後、獄中の若者は、良い戦術をチュニジア王に言上したことから王の信頼をえて高位に就くにいたった。そして、二人は再会し、リパリに戻って盛大な結婚式をあげることになる。これも、前の話と同じように、最初に不幸な目にあった人間がついには大きな幸福をえるという、よくあるパターンの小話であるが、地中海の商業活動がしばしば海賊行為と結びついていたこと、キリスト教徒側も、イスラム教徒側も、入り乱れてこの種の略奪行為を行っていたことが知られて、大変興味深いものである。

ボッカッチョの模倣者の一人として知られるルッカ出身のジョヴァンニ・セルカンビ（一三四七〜一四二四年）の小話にも海賊の話がある（同『小話集』五四話、一九七二年、第一巻、二四〇〜二四二ページ）。次に簡単に紹介しよう。

カタロニア人の海賊メッセル・ピエロ・ダ・ラバッタ（メッセルは武人、司法官などに付す称号）は、残忍な男であり、海の大盗賊、殺人者であった。必要な装備と武器を備えた船に、彼と同じように残忍な男たちを乗せて海へのりだした。相手がだれであれ、出会う者を略奪し、殺すためである。出帆は五月の初めであった。リヨン湾を航行し、むやみやたらに多くの船を略奪し、人を殺した。その中にはジェノヴァやその周辺の人が多かった。

ジェノヴァ人たちはそれを聞くと、メッセル・ピエロ・ダ・ラバッタが捕えて海に投げこんだ同郷人に代って復讐するために何隻ものガレー船の武装を整えた。それを知ったメッセル・ピエロはリヨン湾を離れ、アドリア海へと入って行き、ヴェネツィア人やその他の人びとを多数略奪し、殺害した。その報に接したヴェネツィア市では、ガレー船や帆船の武装を整えて、彼を捕えるために出動した。メッセル・ピエロはヴェネツィア船隊のことを聞くと、避けた方がよいと判断した。

そこで帆を揚げてスペインの沿岸へ赴いて、自分の商売をしようと待ちかまえた。そこへサンティアーゴ・デ・コンポステラ（スペイン北西部の有名な巡礼地。使徒ヤコブをまつる教会がある）へ行くローマ巡礼の船が通りかかった。その船には多くの国の人びとが乗っていた。気づかずに巡礼船がかたわらを通りすぎたとき、メッセル・ピエロとその仲間は、この連中が金持ちであることを期待して船を捕えた。ところが船には巡礼たちとわずかな品物しかなかったので、彼らを殺してしまおうと決めた。これは利益のためというよりは、巡礼を侮辱するためである。それから二日間、彼らにほとんど食物を与えなかったので、みなまるで死人のようになってしまった。

メッセル・ピエロは、これでは費用がかかり損になるばかりだと考え、全員を裸にして手を縛って海に放りこむことを命じた。わずかな衣類と食物しか与えられていなかったのでだれも生き残るはずはなかった。命令が発せられるや、裸にされた人びとは手を縛られたまま、つぎつぎに海に放りこまれた。

最後に一人のフランス人だけが残った。彼は、海に投げこまれようとしたとき、大きな声で叫んだ。「旦那様、こんなに食物が少ないのに、飲物が多すぎます」。メッセル・ピエロはこのうまい言葉を聞くと、すぐに彼を許してやるようにと命じた。そして、彼に荷物や金を返し、どこへ行きたいかをたずねた。「サンティアーゴへ」とフランス人は答えた。小舟が海に下ろされ、彼はスペインのある海岸に上陸した。このようにして、このフランス人は気のきいたうまい言葉で自分の生命を救ったのであった。

この小話は、もちろん、ジョヴァンニ・セルカンビの創作になるものではない。小話というものは、人びとの座興のために口から口へと語りつがれ、さまざまなヴァリエーションを生んでゆく。そして、たまたま、それらのうちのあるものが、小話作者によって書きとめられ、あるいは洗練した形に仕上げられ今日にまで伝わったものである。

実は、これによく似た話は、すでに一世代前のフィレンツェの小話作者フランコ・サッケッティ（一三三〇ないし三五～一四〇一年以前）によって書きとどめられている。これは杉浦明平氏の名訳『ルネッサンス巷談集』（岩波文庫、一九八一年）の最後（七四話）に収められている。ただし、サッケッティにおいては、これは海賊の話ではなく、ジェノヴァとカタロニアの海戦の際のエピソードとなっている。つまり、セルカンビがサッケッティを読み、そのまま写したとは考えられない。彼の場合、あの名句を吐いたのはフランス人の巡礼で、言葉もフランス語になっている。一方、サッケッティの場合は話も短かく、海賊メッセル・ピエロも出てこないし、例のせりふはジェノヴァの下級水夫が言ったもので、もちろんイタリア語である。このせりふがなかなか気の利いたものであるので、いろいろな場面にはめこまれて、おそらく何種類もの小話があちこちでできたものであろう。

セルカンビの小話は、ボッカッチョやサッケッティに較べると、やはり全体として叙述が平板で、魅力に乏しいことは否めない。しかし、当時の海賊の手口の残酷さやその活動範囲の広さなどを理解するには十分であろう。

海賊には、この小話に見られるように「専業」の者もいたであろうが、『デカメロン』の例で見たように、商人から海賊へ、また海賊から商人へとすぐに転換できるところに大きな特徴があった。地中海の北と南、東と西を結んでつねに多数の船が往来し、人と商品を運んでいたために、海賊の活動の場は広く、商人も自分より弱い船を見つけた場合には略奪行為にはしる誘惑にかられることも多かったのである。中世イタリアの小話では、もちろんヴェネツィアやジェノヴァの船乗りが主役となるわけだが、『デカメロン』の中で触れられているように、イスラム圏の船乗りも同様な活動を行っていたに違いない。

## 三　地中海の商業文化

地中海の北側と南側とでは、宗教的な違いはあるものの、商人や船乗りたちのメンタリティーや行動様式、あるいは商業、航海、造船などの技術における共通性が存在したと想像される。彼らはあちこちの港をめぐるだけでなく、しばしば長期にわたって一ヵ所に滞在することがあった。キリスト教徒の商人が集まってコロニーを作っている所があれば、その他に司祭や公証人たちがいた。また、下級の船員は片道の航海だけ雇われ、港へ着くと解雇される例が稀でなかったので、次の口が見つかるまで港で待っていなければならなかった。また、海賊に捕えられ、奴隷として売られた者もいた。自然に彼らは異国の習慣に通じ、場合によっては土地の人びとに同化してしまうこともあった。当然、港の人びとの混血も進んだことであろう。『デカメロン』その他の小話に、ギリシヤやイスラム起源の話が多く含まれているのも不思議ではない。このような地中海の北と南の交流にあたって、かつてイスラム圏に属していたスペインやシチリアの果した役割が大きかったことは推測に難くない。

『デカメロン』(第八日一〇話)に、シチリア島パレルモの港の女にだまされたフィレンツェの若い商人がみごとに復讐する話がある。これは、機知に富む小話として大変面白いものであるが、それと同時に、一四世紀における関税制度について詳しく述べている点で、商業史的に興味深いものなのである。この話は、次のように書き出されている。

港のある海岸には、次のような習慣がかつてあったものですが、たぶん今でもあるでしょう。商品を持ってやって来る商人たちは、だれでも船から下ろした商品を倉庫に運び入れます。多くの土地ではこの倉庫は「ドガーナ」と呼ばれ、都市国家《コムーネ》や土地の君主が保有しています。商人が倉庫の管理をしている者たちに、全商品とその価格を記した書類を渡しますと、管理人からそれぞれ倉庫《マガッジーノ》が与えられます。そこに商品を収め、かぎをかけます。それから税関吏たちは、税関《ドガーナ》の帳簿に全商品をその商人の勘定として記入し、商品の全部あるいは一部を倉庫から引き出すたびに税金を支払わせます。仲買人たちは、この税関の帳簿から商品の質や量、どの商人の所有であるかを知るのです。それから、仲買人たちは商人と、必要に応じて、交換、取引、売買などの交渉をするのです。この習慣は、他の多くの土地と同様に、シチリアのパレルモにもありました。ここには容姿は大変美しいが、正直とは仇同士の女たちが大勢おりました。……

このパレルモの港に、サラバエットという名のフィレンツェの若者がやってきた。彼は一五〇〇フローリンの価値のある織物を売りさばくためにきたのであるが、運わるくあの美しい女たちの一人にひっかかってしまった。彼はヤンコフィオーレ夫人なる女に恋こがれ、結局色仕掛けで、五〇〇フローリンを巻き上げられた。ヤンコフィオーレ夫人はその金を返さないばかりか、彼を冷たくあしらうばかりだった。売上金をすぐ送金せよとフィレンツェの主人から命じられたサラバエットは、泣く泣くナポリに戻って、思慮深くて信頼の置ける人物に一体どうしたら良いものだろうかと相談した。

やがてサラバエットは、たくさんの梱《こり》と二〇の油樽をもってパレルモに戻ってきた。そして、明細書を税関吏に渡して商品を倉庫に納め、他の商品が到着するまでこれには手をつけないことにすると述べた。

彼が二〇〇〇フローリン以上の価値のある商品を持ってパレルモに帰ってきたということを耳にしたヤンコフィオーレ夫人は、これも巻き上げてやろうと考え、彼に前の五〇〇フローリンを返してよりを戻した。しかし、サラバエットは、「女の詐欺を自分の詐欺で罰したい」と考えていたのである。

ある日、彼はいまにも死にそうな惨めな様子で女のところに現われた。ヤンコフィオーレ夫人は彼を抱擁してキスし、一体どうしたのかとたずねた。何回もたずねられた末、彼はこう答えた。

私はもう駄目です。私が待っていた商品を載せた船がモナコの海賊につかまってしまい、一〇〇〇〇フローリンの代償金を払えといわれているのです。そのうち私の分は一〇〇フローリンにもなります。ところが、あなたが返してくださった五〇〇フローリンは、麻布を仕入れるためにナポリに送ってしまったので、私は、一文なしなのです。ここに持っている商品を売ろうにも、今は時期外れなので半値にしかなりません。……商品はモナコへ持っていかれて、私は無一物になってしまうのです。

これを聞くと、女はこの高価な商品を失ってしまうのを残念に思い、自分はすぐにでも用立てたいけれど金がないこと、三〇％の利子を払う気があれば貸してくれる人がいること、ただし何か保証を入れなければならないことを告げた。サラバエットは、すぐに彼女自身が高利をとって金を貸そうとしているのだと分かったが、そしらぬ顔で、是非その金を拝借したい。そして自分が税関に置いてある商品を、貸してくれる人の名義に書きかえて借金の保証にしたい、ただ、鍵だけは自分で保管したいと提案した。彼女はこれに賛成し、仲買人を呼んで事情を説明し、この仲買人を通じて若者に一〇〇〇フローリンを渡した。そして、若者が倉庫に持っているものの名義を書きかえ、証書とその謄本を作成した。サラバエットはすぐにパレルモを発つとナポリに向かい、そこからフィレンツェの主人に織物の代金を送金し、さらに自分の借金も返済した。

ヤンコフィオーレ夫人は、若者の姿が見えなくなったのを怪しんだ。それから二ヵ月待ったが、サラバエットは戻って来ない。とうとう仲買人が倉庫をこじ開けてみると、油が入っているはずの樽の中には海水が入っており、梱の中には麻くずがつまっていることを発見した。こうして、女は大きな損害をこうむり、「人はお互いに盲目ではない」ということをさとったのである。

すでに述べたように、この小話は『デカメロン』第八日のテーマ、他人を欺した人間が逆に欺されるというテーマにそったものであるが、商人の代理人としてナポリに派遣されて修業した経験をもつボッカッチョならではの叙述がわれわれの関心をひく。もっとも、ボッカッチョ自身は、恋愛、文学、宮廷での社交などに耽溺した結果、商人としてはついにものにならなかったのであるが。

とくに興味深いのは、冒頭に紹介した税関制度についての記述である。ここには、官営の倉庫の存在、税関吏への明細書の提出と登録、倉庫から商品を持ち出した時に初めて課税されること、倉庫に納めた商品をそのままの状態で担保に入れたり、名義の変更ができたりすることなど、現在の保税倉庫や倉荷証券を予示するものが描かれている。

ここで税関ならびにそこで支払われる税を意味するドガーナという語が、役所を示すアラビア語ディーワーンに由来するとされていることは、きわめて示唆に富んでいる。ドガーナとディーワーンでは音がかなり違っているように感じるが、中世においては、ドアーナ、ドヴァーナの方が一般的であった。フランス語のドゥワヌも、直接にこの系譜を引いている。

一四世紀フィレンツェの商人フランチェスコ・バルドゥッチ・ペゴロッティの『商業実務』

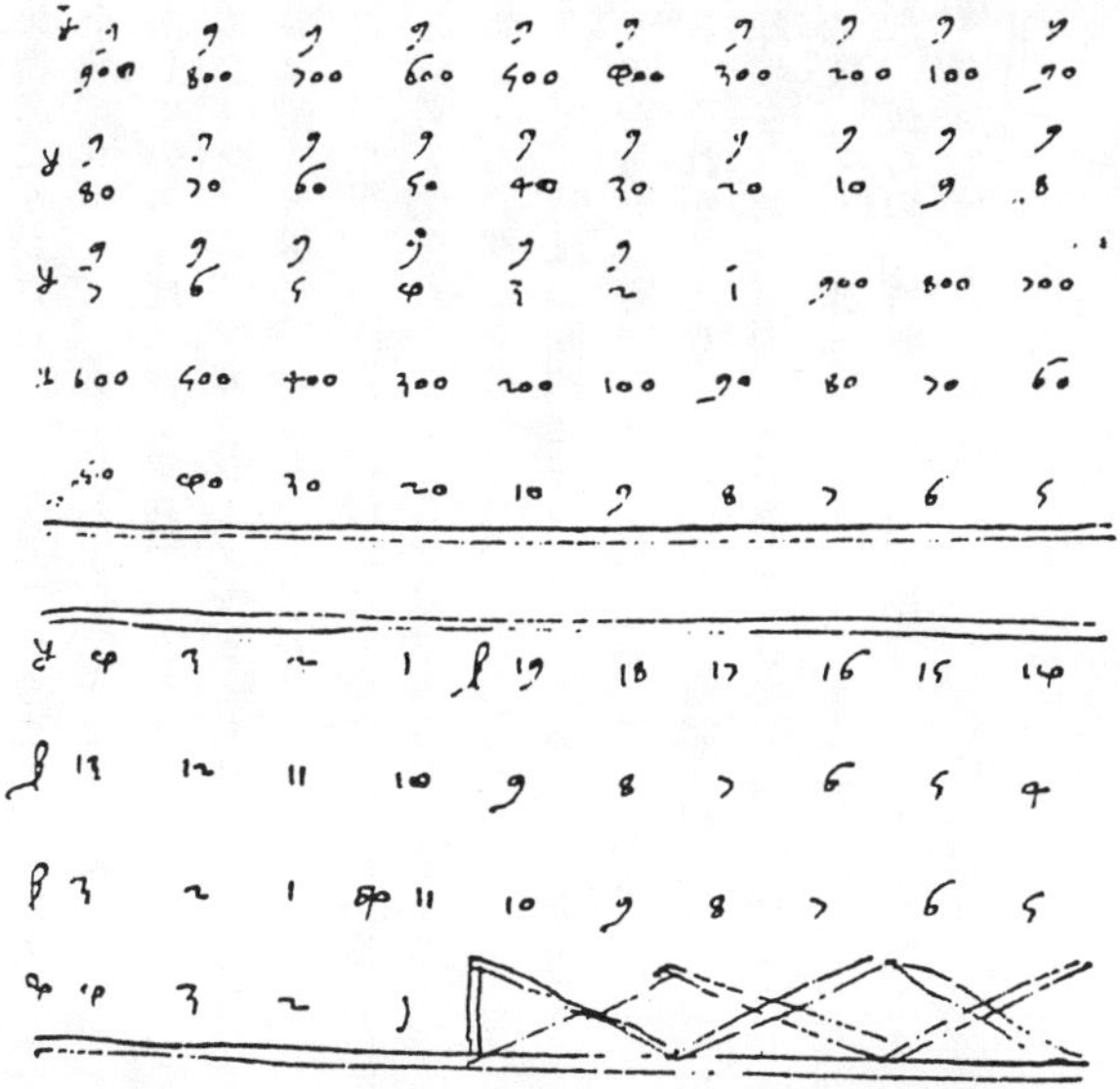

中世の計算盤（ペゴロッティ『商業実務』の15世紀写本から）　図の数字の直ぐ上に大理石の数え玉を置いて計算する。アラビア数字を使っている。

の冒頭にかかげられている基本的な商業用語の対照表においては、関税をサラセン人の土地全域、シチリア、ナポリおよびプーリア（南イタリア）王国全域においてドアーナと称するとしている（同『商業実務』一九三六年、一五ページ）。同じくアラビア語起源の倉庫を示すフォンダコ、マガッジーノなどと共に、これは地中海の商業文化におけるイスラム的要素の重要性を示しているものと思われる。

一三世紀、一四世紀の段階においては、地中海北岸のイタリア、南フランス、カタロニアの商業文化を考えることも重要であるが、イスラム圏をも含めたより広い商業文化の存在を想定する必要があるのではないだろうか。

さて、海賊の問題に戻ると、ここで見た『デカメロン』第八日一〇話においても、「モナコの海賊」が登場している。海賊は、商船を拿捕《だほ》すると、高価な代償金や身代金を要求する。それが払えなければ、商品は海賊が根拠地としている港に運ばれてしまうし、人間は奴隷にされたり、海に突き落とされてしまう。要するに海賊は船を拿捕し、商品を奪うだけでなく、それを現金化するという「商品活動」を行わねばならないのである。それなくしては、彼らの「海賊活動」も完結することが不可能なのである。

ダンテは、『神曲』煉獄篇第二〇歌において、自分の属する党派の宿敵たるアンジュー家のシャルル二世について、次のように歌っている（寿岳文章訳、集英社、一九七六年）。

別のカルロ、それは嘗て虜囚として船から出てきた者なるが、かれ、いまおのれの娘を売り、しかも女奴隷の取引する海賊同様、売値をあげつらふさまが、私の眼に見える。

これは、シャルル二世が有名な一二八二年の「シチリアの晩鐘」事件の後、アラゴンのペドロ三世の船隊と戦い捕虜となったこと、さらに、末娘ベアトリーチェを多額の金と引きかえにエステ家のアッツォ八世に嫁がせたことを皮肉ったものである。ベアトリーチェは、あたかも海賊が商品である女奴隷の値段をつり上げるように、父親によって取引の材料にされたというわけである。

以上見てきたように、一三、四世紀の地中海一円において商業活動のための共通の条件が存在していた。海賊活動は一面において、その安定を乱す一つの要素となる。しかし、他方では海賊活動自体が商業活動の安定性に依存しているという側面が存在する。戦利品の売りさばき、代償金の受取りなどは、全くの無法状態では不可能であり、恒常的な交易ルートがなければならない。その結果、海上商人がしごく容易に海賊に変りうる例はすでに見た通りである。換言すれば、海賊行為そのものが、商業活動の一つの形態であったと考えることもできよう。

## 四　ガレー船

地中海の船には北方の影響を受けた大型帆船（コグ）と伝統的な比較的小さい帆船（ナーヴェ、ナウなど）、さらに地中海独特の帆とオールを併用したガレー船があり、これらはいずれも海賊船になることができた。しかし、前にも触れたように、まず軍用船として開発され、のちに香料などの高価な商品の輸送に用いられるようになったガレー船が、この目的にもっとも適していた。軽ガレーで四〇人から一〇〇人、一四世紀以降の大型ガレーになると二〇〇人近いこぎ手がオールを引くのであるから、そのスピードが大きかったことが想像される。また、風向きにかかわりなく、進むことができたし、操縦性にもすぐれ、急速な発進、旋回、停止などが可能なので、攻撃にも防衛にも有利であった。また、帆船よりも団体行動に適していた。火砲が実用化される以前においては、船同士の戦闘は、至近距離から弓や弩《いしゆみ》で攻撃し、相手の抵抗力が弱まったところで敵船に乗り移り、白兵戦で決着をつけるという形をとっていた。ガレー船の多数の乗組員は、きわめて重要な軍事力として機能したのであった。

しかし、この乗組員の数の多さは、同時に大きな欠陥をともなった。遠距離の航海をするためには、多量の食料や水を積み込まねばならず、商品を格納したり、乗組員が手足を伸ばしたりするスペースは極度に乏しかった。一五、六世紀にジェノヴァやヴェネツィアから遠くイングランド、フランドルへ航海した大型ガレーは帆船としての性格が強くなっていたが、それでも輸送コストが大きく、もっぱら香料のような高価で利益率の高い商品を輸送するのに用いられたのである。一般にガレー船、とくに小型の軽ガレーは何日も続けて航海することはまれであり、多くの場合は昼間だけ航海し、夜は港に上陸して休むのが普通であった。したがって、沿岸航路を通って、港々に停泊しつつ航海することになる。同様に海賊船

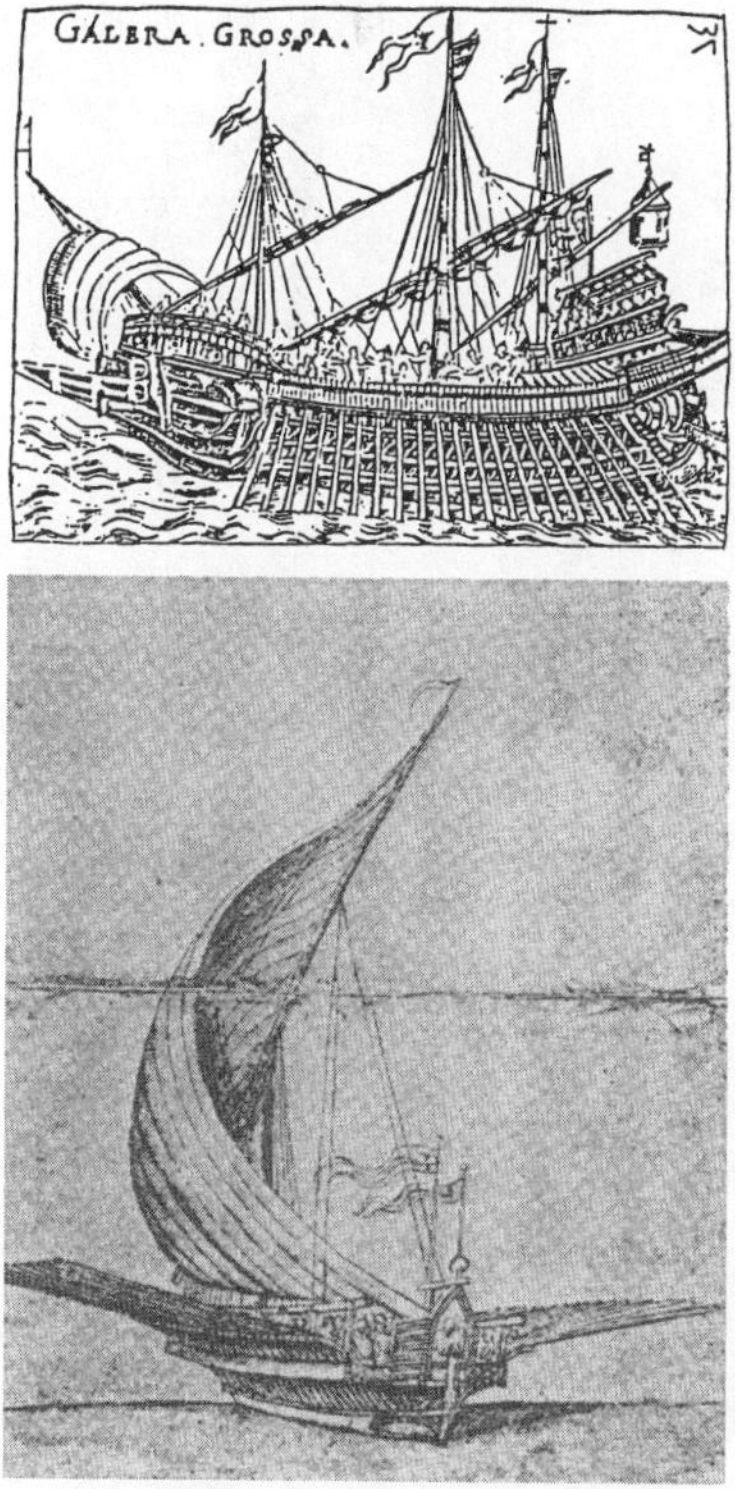


ガレー船２体　上図はオール漕ぎで進む姿(16世紀大型船)，下図はオールを揚げ三角帆で帆走する姿（ラファエロの描いたものと伝えられる)。

としてのガレー船も、このような港を根拠地として出動したのである。ウスコッキ海賊で有名なアドリア海のダルマティア沿岸（現在のユーゴ［のちクロアチア］の海岸）、多島海であるエーゲ海、バルベリア沿岸などはこのような根拠地に適した港が多く、その後も海賊活動の「本場」であった。しかし、くり返すことになるが、「商業活動」と「海賊活動」は必ずしも厳密に区別できないこと、一六世紀以前の地中海においては、宗教や人種のいかんを問わず、共通の「商業文化」の存在が推測されること、このような共通性を前提として「海賊活動」が日常的に行われていたことを確認しておく必要があろう。

## 五　一六世紀における新しい事態

これまで見てきた状態は、一六世紀を迎えるとともに大きく変化した。まず、西地中海においては、一四九二年のグラナダの陥落とともにいわゆるレコンキスタ（キリスト教徒によるスペイン統一の運動）が完成し、スペイン勢力が西地中海に大きく進出することになった。一方、東地中海においては、オスマン・トルコが進出し、一四五三年のコンスタンティノープル陥落以降、バルカン全域へその勢力を拡大した。メフメット二世（征服王）の晩年一四八〇年には南イタリア・プーリアのオトラントをトルコ軍が占領するという事態も生じた。オスマン・トルコは一六世紀に入るとシリアを攻略し、一五一七年にはエジプトのマムルーク朝を倒して、世紀後半にはその勢力は最盛期に達することになった。

このように、一六世紀には地中海の東西に二つの強力な集権的国家が成立したわけである。W・H・マクニールはこの二つの国家を、モスクワ大公国、サファヴィー朝イラン、ムガールのインド、清朝、秀吉の日本などと並べて、強力な火砲をその地方において独占する「火薬帝国」であったとしている（邦訳『ヴェネツィア』一〇九ページ）。その当否はともかく、地中海をはさんで二つのきわめて攻撃的・拡張主義的な国家が、イスラム教とキリスト教の旗をかかげて正面から対峙することになったのである。もちろん、地中海がこの二つの勢力によって分割されてしまったというのではない。オスマン・トルコによって植民地をつぎつぎと奪われたヴェネツィアはスペインに頼らざるをえなくなったが、ハプスブルク家と対立関係にあったフランスは、逆にオスマン・トルコに友誼を通じた。一五四三〜四四年の冬、トルコ船隊がトゥーロンで冬営したことは有名である。もう一つの有力な海上勢力であるジェノヴァは、初めフランスに、次いでハプスブルクについた。このように、地域的利害関係はきわめて複雑であったが、一六世紀には地中海が先の二つの勢力の角逐の場となった。

マキャヴェッリが一五二〇年ごろに執筆した喜劇『マンドラゴラ』の中では、フィレンツェの婦人が告解司祭に「今年はイタリアにトルコ人が攻め込むとお思ひでせうか」とたずねている（大岩誠訳、岩波文庫、一九四九年）。スレイマン一世（在位一五二〇〜六六年）はベオグラードを占領した翌年の一五二二年、ロードス島によるヨハネ騎士団を降伏させ、これを島から追放した。騎士たちは新たな地を求めて、あちこちをさまよった末、カール五世によって提供されたマルタ島に到着し、ここを騎士団の本拠地とし、一般にマルタ騎士団とよばれるようになった。本来、イェルサレムにやってくる巡礼たちの保護、病気の治療、看護などを主たる目的としていたヨハネ騎士団は、ロードス、マルタと移動するうちに、その軍事的色彩を濃厚にして行った。そして、イスラム船に対する無差別の攻撃や略奪を行う軍事団体となった。換言すれば、イスラム側に対する組織的な「海賊集団」となったわけである。一方、イスラム側では一五〇四年から四六年までの長期にわたって、チュニス近くのジエルバ島を根拠地とした有名なバルバロッサ（赤ひげ）兄弟の広範囲にわたる海賊活動が行われた。いわばイスラム側とキリスト教徒側が対決する形の海戦と海賊行為が行われたのである。両者の戦いは、一五四一年のカール五世によるアルジェ遠征、一五六五年の有名なマルタの攻防戦、そして一五七一年のレパントの海戦と続くことになった。前にあげたような一三、四世紀の小話に出てくるような個別的な、そして共通の商業文化を背景とした海賊・商業行為の時代はすぎ去ってしまったのである。しかし、造船技術、戦闘技術に関しては、双方の共通性がなお維持されていたことを見落としてはならないだろう。火砲が広く利用されるようになった後も、双方とも軍用船として依然としてガレー船を用いていた。ガレー船の三角帆は、アラブの船乗りによって地中海に持ちこまれたものであるとも言われているが、その帆の上に三日月や十字架のマークがついていなかったならば、どちらの船であるか、全く区別がつかなかったであろう。レパント（ギリシヤのコリント湾岸）の海戦でキリスト教徒側が初めて用いて大きな成功を収めた「動く砲台」とも言えるガレアス船も、すぐ

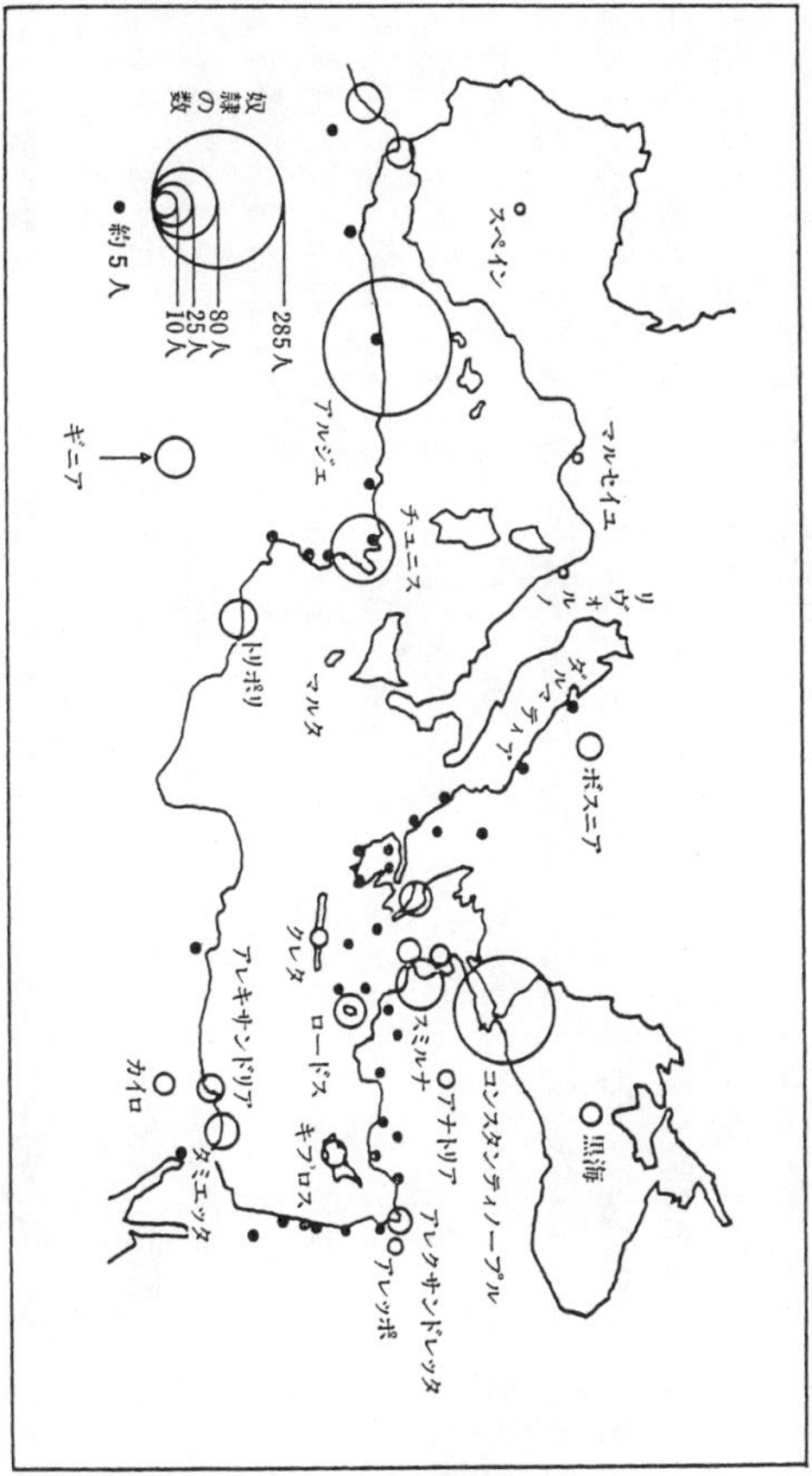


ガレー船の漕ぎ手の出身地　1680年ごろのフランス船（P・W・バンフォード『軍艦と囚人』1973年，145ページより作成）

トルコ側が同様な大型船を建造したことによってその威力は半減してしまったとされている。

従来、ヨーロッパの歴史家の多くは、レパントの海戦の意義を高く評価し、これがトルコの脅威からヨーロッパを救った英雄的勝利であり、トルコ海軍は潰滅したと考える傾向にあったが、実際にはこれ以後両者とも手詰まりの状態になってしまったと言ったほうがよい。

すでに述べたように、多数の乗組員をかかえるガレー船は、長期間海上を遊弋して敵を求めるということはしないのが普通である。必ず根拠地を持ち、そこから出撃して敵を攻撃するのであるから、戦闘は単に海上にとどまらず、結局は敵の根拠地の征服を狙う攻城戦という形をとらざるをえない。しかし、一六世紀における火砲の発達に対応して築城術が進歩すると、船から城を攻撃することは実際には不可能になってしまった。波にゆれる船の上から砲弾を放ったところで、分厚い城壁に損害を与えることなぞできるはずがない。逆に城壁の上から狙い撃ちされるのがおちである。地中海における大規模な攻城戦は、おそらく一五六五年のマルタ攻囲が最後ではなかろうか。

ガレー船同士の接近戦と攻城戦が主要な戦闘形態であった時代は終ろうとしていた。もちろん、スペインの無敵艦隊やフランス海軍においてはガレー船が重要な役割を演じ続け、多数の漕役刑囚が重いオールを引いていた。彼らの中には、多くのイスラム教徒、イギリス、オランダなどの新教徒、それに一般の犯罪人や浮浪者などが含まれていた（志垣嘉夫「犯罪の社会史」参照）。三三ページの図は一六八〇年ごろのフランス・ガレー船の漕ぎ手約一〇五〇名の出身地を示したものであるが、地中海南岸のあらゆる地方の出身者が含まれていることが見てとれる。

しかし、一五八〇年代以降、地中海にイギリス、オランダの大型帆船が進出するようになった。かつてのような「沿岸支配」の時代は終り、大型帆船のパトロールによる「水域支配」の時代が訪れつつあった。一三、四世紀がそうであったように、ふたたび船同士の戦闘とほしいままな略奪の時代が戻ってきた。だが、その主役はもはや地中海沿岸諸国ではなく、イギリスやオランダの船であった。ヨーロッパの経済にとって、地中海はなお重要な意義を持ち続けていたが、それを支配したのは地中海沿岸の人びとではなかったのである。

## 引用文献

（1）F・C・レーン『ヴェニスと歴史』（F. C. Lane, *Venice and History: The Collected Papers of F. C. Lane*, Baltimore, 1966）。

（2）ジョヴァンニ・セルカンビ『小話集』（Sercambi, *Novelle*, a cura di G. Sinicropi, Bari, 1972, Vol. I, pp.240–242）。

（3）フランチェスコ・バルドゥッチ・ペゴロッティ『商業実務』（Francesco Balducci Pegolotti, *La Pratica della Mercatura*, edited by A. Evans, Cambridge, Mass., 1936, p.15）。

（4）志垣嘉夫「犯罪の社会史——中世末〜近世初頭を中心に」同編『近世ヨーロッパ』有斐閣新書（「西

洋史」5)、一九八〇年。

(5) P・W・バンフォード『軍艦と囚人』(P. W. Bamford, *Fighting Ships and Prisons: The Mediterranean Galleys of France in the Age of Louis XIV*, Mineapolis, 1973, p.145)。

# II

# ジェノヴァ・キオス・イングランド

ヴェネツィアの全景

中世の地中海商業といえば、ひとはただちに香料を中心とする奢侈品貿易とガレー船の活動を想起するであろう。これは、常識として決して間違っていない。ヴェネツィアはもちろん、一五世紀になって海上貿易に進出したフィレンツェの場合でも、ガレー船による香料貿易は、都市国家における経済政策の一つの重要な支柱であった。国営造船所（アルセナーレ）によって建造された国有のガレー船が入札によって私人に貸与され、香料貿易独占権の保護のもとに船団を組んで活動するヴェネツィアのMudaは、その巧妙な仕組においてわれわれを驚かすものである。

しかし、中世地中海商業は決して香料や絹のような奢侈品貿易につきるわけではない。フエルナン・ブローデルが近代初頭についてその重要性を指摘した穀物、ぶどう酒、オリーブ油などの食料の輸送は、中世においても同様に重要なものであった。ポー川平原を背後にひかえたヴェネツィアはひとまず置くとしても、一四世紀にすでに九万に近い人口を持ったと推測されているフィレンツェやジェノヴァは、広範囲にわたる食料の確保がなければ、そもそも、その経済的規模を維持しうるものではなかった。たとえば、プーリアやシチリアは、中世において北イタリアへの食料の供給地として知られていた。このような輸送は、ガレー船ではなく、小規模な沿岸航路の帆船によって行われるケースが多かったと思われる。主として人力に依存するガレー船（一四世紀以降の大型ガレー商船では、オールよりも帆に重点が置かれていたが）は、量の多い比較的安価な商品の輸送には適していなかったからである。中世における地中海商業のいわば底辺を支えた大小各種の帆船の活動は、今後より詳細に研究される必要があるのではないかと思う。といっても、この種の研究が欠けていたというのではない。中世以降の地中海世界やその文化になんらの関心を払って来なかった我国の学界によって紹介されることがなかったというだけであって、欧米ではむしろかなり活発な研究が進められているのである。そのことは、たとえば、M. Mollat を中心とする Colloque International d'Histoire Maritime の活動からも推測されるところである。さらに、近年における水中考古学の発展は、船の復元を通して、やがてこの分野の研究に確固とした基盤を与えるであろう。

私は、もとより、この分野における専門的研究をした経験を持っていない。ただ、地中海商業史ないし文化交渉史に若干の関心を持っているので、いくつかの論文を読んでみたというのにすぎない。しかし、それらがきわめて重要かつ興味深い問題を持っているということだけは理解できるので、ここにささやかな紹介の筆をとる次第である。中世におけるガレー船については、近く別稿で概観する予定なので、ここではそれと対照的な性格を持つジェノヴァの大型帆船とその活動について記してみたい。

近年、ヴェネツィアを軸とする東西ヨーロッパの文化交渉史に関して優れた著作を発表したW. H. McNeill によれば、中世の地中海では二度にわたって船舶に関する重要な技術革新が達成された。その第一は、一一世紀に、第二は、一二八〇年ごろから一三三〇年ごろまでの間に生じた。まず一一世紀には、竜骨に肋骨を組み合わせて船の骨格を作り、その上に板を張って船体とするという「洋船」の基本的パターンが生み出された。それまでは、たとえ竜骨があったとしても、基本的には「ほぞ」によって板を組合わせて船体を作るという「家具職人の手法」によっていたために、船大工の仕事はきわめて微妙な作業であり、熟練と多くの時間を必要とした。

新技術によれば、外板は骨格にうちつけられ、すき間はせんいとピッチによって埋められるので、作業ははるかに簡単であった。この技法は、すでに古代でも川船について用いられていたが、ここではじめて大型船に適用され、建造の時間とコストをいちじるしく切り下げることになった。マクニールは、イタリア船が地中海を制圧するに至る基盤をこの技術の開発に求めている。もちろん、イスラム圏やギリシヤにおける造船用木材の枯渇も、もう一つの大きな原因であったろう。

このように一一世紀の変化がもっぱら造船技術上のものであったのに対し、一三世紀末から一四世紀初頭におけるそれは、より広範な複合的なものであった。まず、一三世紀中葉にコンパスが実用化され、さらに海図（いわゆるポルトラーノ）が作成されるようになったので、一三世紀末には冬や曇天でも航海することが可能となった。それまでは、海が荒れ、曇天の多い冬には航海できなかったのである。ガレー船の「オール」の数は増え、一〇〇本以上のオールを備えた大型ガレー船が作り出された。もっとも重要なのは、北ヨーロッパで発達したコグあるいはコッカなどと呼ばれる舷側の高い帆船が、地中海の船に影響を及ぼしたことである（この影響は、直接的にはバスク船によってもたらされたといわれる）。コグは構造上二つの特徴を持っている。その一つは、船尾材に「かじ」を取付けたことである。それまで地中海世界で用いられていた船は、舷側の船尾に近い所から大型の「かい」を水中に入れ、それを「かじ」として利用していた。たとえば、H・ホッジズ（平田寛訳）『技術の誕生』（平凡社、一九七五年、二一二、二一五、二四六ページ）の図版を見ていただきたい。この方法では、「かじ」の力はそれをあやつる人力によって決定される。また、舷側は比較的強度が劣るので、巨大な力を「かじ」にかけることはできない。その結果、船の大きさにはおのずから限度が課されるわけである。しかし、北方のコグ型船は、竜骨の延長である強固な船尾材に「かじ」を取付け、さらに「てこ」や滑車を利用してこれをあやつる方法を生み出したために、はるかに高度の操縦性を獲得するとともに、より大きな船を建造することを可能としたのである。もう一つの特徴は、四角の横帆で、縮帆の可能なリーフ・ポイントと「はらみ綱」bowline を有

15世紀末ジェノヴァの大型帆船

していた。それまで地中海で用いられていた三角帆が、風をとらえるためにしばしばマストのまわりを大きく回転させねばならなかったのに対して、横帆の場合は、左右どちら側を向けても風をとらえることができた。縮帆も容易であり、これも労働をいちじるしく軽減した。これもまた、船の大型化を促進することになったわけである。こうして一四世紀に入ると、次第にかつての二本マストの三角帆を持つ船は、一本マストの横帆を備えたより大きなコグ（コッカ）に置きかえられて行くのである。もう一つ、一二九〇年代にはジェノヴァの植民企業者であり、軍用船の指揮者であり、また海賊でもあったベネデット・ザッカリーアによって、ジブラルタルの制海権がイスラーム勢力から奪取されたことを忘れてはならない。こうして地中海は大西洋と結ばれ、あらたに地中海からイングランド・フランドルへの航路が開けたのである。それはまた、シャンパーニュの市がかつての経済的機能を喪失しつつある時期でもあった。

このような動きが、一三世紀末から一四世紀初頭にかけて集中的に生じた。その先頭にあったのがジェノヴァである。ジェノヴァは、イタリアの海上勢力としてヴェネツィアの最大のライヴァルであったが、両者にはいちじるしい差があり、時には対照的な性格を見せていることは興味深い。たとえば、ヴェネツィアは、いちじるしく国家主導型の社会であった。国ビザンツ帝国の影響を受けたといわれる国営造船所や国有ガレー船の存在が示すように、国家は東方貿易に直接的に介入していた。その政治が安定していることでは定評があり、大評議会のメンバーとなる資格を世襲的に持っている都市貴族グループの支配は強固であった。これに対してジェノヴァでは、いくつかの有力な家がそれぞれ党派をなして対立するケースが多く、都市政治はしばしば動揺した。都市国家の権威は、ヴェネツィアにくらべるとはるかに低く、東方貿易に国が直接に介入することもなかった。国営造船所も存在せず、造船は私的な企業にゆだねられていた。ヴェネツィアは、東地中海各地の植民地に官吏を派遣し、これを直接的に統治する努力を行っていた。これに対してジェノヴァでは、植民活動もMaonaと呼ばれる私的植民組合によって行われ、その運営はきわめて自立的であった。以上は二、三の例をあげたにすぎないが、この二つの海港都市が相互にかなり異なった性格を持っていることは理解されるであろう。同様に、大きな差が両都市の船についても、また、それらが運ぶ商品についても存在するのである。

一三世紀末から一四世紀初頭における造船や航海術における技術革新は、ヴェネツィアにおいては、コグの特徴の一部を取り入れた大型ガレー商船を生み出した。一方、ジェノヴァの海上貿易をになったのは、巨大な帆船であった。つまり、ジェノヴァにおける海運の発展は、ガレー船を放棄する形で行われたのであり、これは、ヴェネツィアやフィレンツェとはまさに対照的である。もとより、ジェノヴァの海運といっても一様ではなく、時代と共に変化している。ここでは、最盛期と思われる一五世紀前半を中心に概観しておくことにしたい。

沿岸航路の小規模な船による交易は別としても、ジェノヴァの海上貿易には二つの種類があった。一つは、ティレニア海、プロヴァンス、シチリア、北西アフリカ諸港との貿易であり、もう一つは、東地中海、黒海とイングランド・フランドルを結ぶ大規模な貿易であった。そして、ジェノヴァの誇る巨大な帆船が就航したのは、後者であった。一三世紀末から一四世紀初頭にコグの影響のもとに大型化して行ったジェノヴァの帆船は、一四世紀末には載貨重量（いわゆる重量トン）九五〇トンにものぼる大型船となり、時には一千トンを越すものも現われるようになった。これらは中世における最大の船であり、後にアメリカ航路に就航した船よりも大きかったのである。これらに一〇〇人から一三〇人にものぼる船員が乗組んで、東地中海からイングランドにいたる遠洋航海を行ったのである。一方、プロヴァンスやシチリアなどを往復する船は、大体、二四〇トン前後であった。当時活発に活動していたバスク船やカタロニア船もほぼ同じ位の大きさだったと思われる。ヴェネツィアも、ガレー商船以外に同種の帆船を多数所有していたが（これらは、ガレーと違って私有船である）、大きさにおいては、はるかに劣っていたといわれる。

このようにジェノヴァの帆船は、他に類のない大型船であった。これに匹敵する船は、わずかに一六世紀のヴェネツィアやラグーザで穀物を輸送していた船があるだけである。なお、比較のために一言しておけば、ヴェネツィアの大型ガレー商船（乗組員約二〇〇名）の載貨重量は、およそ二〇〇トンと推定されている。このような大型帆船が、一五世紀中葉のジェノヴァには、およそ三〇隻存在した。したがって、二万トン以上の貨物が一時に輸送できたわけである。

それでは、これらの大型帆船は、一体、何を輸送していたのだろうか。大型帆船は船足も遅く、いざとなるとオールに頼ることのできるガレー商船のような機動性をもっていない。また、接岸できる港も限られている。しかし、大量輸送が可能であるという絶対の利点を持っている。このような船の性格に適合的なのは、比較的価格が低く、しかも量の大きい商品である。もとより、香料のような高価かつ少量の奢侈品ではない。それは、穀物であり、塩であり、なかんずく明礬《みょうばん》であった。

中世における明礬の重要性は、強調しすぎるということがないであろう。それは、中世における唯一の大規模工業ともいうべき毛織物工業に欠くことのできないものであった。それは、まず、原毛を洗う際の脱脂剤として用いられるが、とくに重要なのは、いうまでもなく媒染剤としての利用である。それによって得られる色の鮮かさと独特の光沢は、他に求めることのできないものであったといわれている。しかも、明礬は、中世のヨーロッパではほとんど産出していなかった。したがって、外部、とくにオリエントからの輸入にまたねばならなかったのである。ジェノヴァの大型帆船の活動は、まさにここに着目したものであった。

ジェノヴァの明礬貿易の歴史は、キオス島における植民地経営の歴史と結びついている。エーゲ海の東部、小アジア（トルコ）に近いこの島は、一三〇四年にベネデット・ザッカリーアによって征服され、ジェノヴァ領となった。その後、一三二九年にビザンツ帝国が取戻すが、一三四六年にいたって、シモーネ・ヴィニョーゾの遠征によって、ふたたびジェノヴァ領となり、一五六六年のトルコの占領に至るまで存続した。この島はジェノヴァの東方貿易の最大の拠点であり、一五世紀のあるヴェネツィア人は、それを「ジェノヴァの右目」と呼んでいる。この島を支配していた「キオス植民組合」Maona di Chio は、一三四六年設立、一三六二年に再組織された。これは、植民企業家の団体であって、キオス全島と周囲の小島、対岸の小アジアの一部に対する支配権を握っているだけでなく、貿易を統制し、その収入を管理し、裁判権を行使していた。しかも、ジェノヴァのコムーネ（都市国家）に対しては年二五〇〇リラの貢租を支払うだけで、完全に自立していたのである。マオーナの持分は売買可能であったが、つねにメンバーの間でのみ取引されていた。メンバーの多くは、Giustiniani の名を名のっていた。

キオスの産物としてもっとも有名なのは、マスティック樹脂であった。これは、オリエント各地で一種の嗜好品として愛用され、また、香としても火にくべて用いられた。しかも、キオスはマスティック樹脂のほとんど唯一の産地であった。そして、マオーナは、リグーリア地方の農民を呼びよせて、マスティック生産を奨励すると共に、製品を独占し、エジプトやシリアへと輸出した。なお余談ながら、このようなマスティック栽培の経営形態は、ヴェネツィアによるキプロス島における砂糖きびのプランテーションと共に、大西洋上のマデイラ諸島やカナリア諸島からやがて新大陸へ拡大するプランテーションの先行形態であるといわれている。キオスではその他にぶどう、いちじくなどの果樹栽培が行われていた。しかし、キオスの重要性は、このような特産物栽培にだけあるのではなかった。その重要性は、むしろ、ジェノヴァの東方貿易の中継地、物資の集散地としての性格に求められる。一五世紀中葉、黒海は経済的にはジェノヴァの海であったといわれている。事実、ジェノヴァは、カッファを中心とするクリミア半島の東部および南部の植民地を、一四七五年まで維持していた。キオスは、このような黒海における植民地への中継地であり、とくにコンスタンティノープル陥落後その重要性はさらに拡大したといわれている。また、サロニカやバルカン諸地域との貿易の中継地としても重要であった。これらの諸地域から、穀物、果物、綿、絹、さらに奴隷などの商品がキオスに集められ、地中海の各地へ送られたのである。つまり、一五世紀のキオスは、一二世紀におけるシリア、パレスティナ諸港のような役割を果たしていたといえるだろう。すでに触れたように、それらの商品の中でとくに重要だったのが明礬であった。第一に、明礬の産地はきわめて近く、キオスのマオーナは、直接その土地を支配していたのである。産地というのは、小アジアの西端、イズミール湾に面したフォケーアである。この地の豊富な明礬鉱山は、キオス島と同じくザッカリーアによって征服され、そのころからジェノヴァへ向けて大量の積み出しが行われていた。しかし、ジェノヴァの大型帆船による大量輸送が組織的に行われたのは、一四二七年にキオスのマオーナがこの地を直接に領有してからのことであろう。とくに、一四四九年には、明礬の独占会社が形成され、フォケーアのみならず、東方諸地域の明礬の生産、輸送、販売をコントロールするようになった。この後の一〇年間がジェノヴァの明礬貿易の絶頂期であった。各地の明礬はキオス島に集積され、ここから大型帆船で遠くフランドル・イングランドまでも運ばれたのである。

ところで、キオスを起点とするジェノヴァ船の航路には二種あった。一つはキオス・ジェノヴァ航路であり、もう一つはキオス・フランドル・イングランド航路である。後者は、多くの場合ジェノヴァに寄港しなかったのが一つの特徴である。さらに、取扱い商品についても、両者の間に差があった。キオスからジェノヴァに運ばれるのは、香料、綿、絹、染料などであった。たとえば、一四四五年のある船の積荷の総価格は、一五万リラ強であった。そのうち香料は三万八〇〇〇リラ、絹が四万リラ、綿二万二〇〇〇リラ、染料が三万八〇〇〇リラ（そのうち明礬は一万六〇〇〇リラ）を占めている。香料の占める割合が比較的低いこと（全体の四分の一以下）、織物工業の原料がいちじるしく多いこと（絹、綿、染料を合わせると一〇万リラを越える）が注目される。ジェノヴァは、香料と共に、その織物工業の原料を東方から得ていたといえるだろう。逆に、ジェノヴァからキオスに運ばれたのは、毛織物や絹織物、金属製品、金銀細工、紙など、いずれもジェノヴァとその周辺地域の手工業製品が主なものであった。

次に、キオスからフランドル・イングランドへ送られる商品は何だったのか。それは、くりかえすまでもなく、キオスに集積された明礬であった。再三のべたジェノヴァの巨大な帆船は、多くこの航路に就航し、北西ヨーロッパの毛織物工業にこの貴重な原料を供給していたのである。一四四五年にキオスからフランドルへ航海した九隻の船の積荷の価格は、全体で三二万五〇〇〇リラ（一隻平均三万六〇〇〇リラ強）であった。その中で明礬は、実に二一万一〇〇〇リラ以上を占めている。すなわち、全体の三分の二を占めているのである。その他は各種の高価な香料や染料であるから、量的には積荷のほとんどが明礬だったといっても良いだろう。九隻の船が運んだ明礬は、総計三三〇〇トンに達したという。

この九隻の船は、いずれもジェノヴァに寄港することなくフランドル・イングランドに向っていた。主な寄港地はシチリアのシラクーザ、チュニス、ボーヌ（アンナバ）、ブジー（ベジャイア）、オランなどの北アフリカ諸港、スペイン南部のマラガおよびカディスなどであった。マヨルカに寄港する場合も多かった。これらの港でも、ぶどう酒、果物、皮革などを積み込んだと思われる。この航路の終点は、イングランドではサウサンプトン、大陸側ではスリュイスとミッデルブルクである。サウサンプトンはロンドン、スリュイスはブルージュという商工業中心地に結びついていた。また、ミッデルブルクは、当時きわめて重要な商品の集散地であった。これらの市場を媒介として、ジェノヴァ人は、北西ヨーロッパの毛織物工業に明礬を供給し、北海・バルト海各地の商人と接触したのであった。

ジェノヴァの巨大帆船は、北海からの帰途に何を運んだのか。それは、もっぱらイングランド産の各種毛織物であった。これらは、主として北アフリカ諸港で売りさばかれ、一部は東地中海まで運ばれた。奇妙なことに、フランドル産毛織物を運ぶことはなかったらしい。ジェノヴァ商人の市場には質的に適合しなかったのであろうか。要するに、スリュイスは、明礬の到着港ではあったが、サウサンプトンのような毛織物の積出港ではなかったのである。また、ジェノヴァの帆船は、フィレンツェのガレー船のように自国の毛織物工業の原料である羊毛を運ぶこともなかったらしい。結局、単純化すれば、ジェノヴァの大型帆船は、地中海からイングランド、フランドルへ明礬を運び、イングランド産毛織物を持ちかえるという特殊化した活動を行っていたといえるだろう。これは、イタリア商人と香料貿易を常に結びつけて理解する従来のイメージからはかなりへだたったものである。

このようなパターンの明礬貿易は、しかしながら、永くは続かなかった。最大の明礬鉱のあるフォケーアが、一四五五年にトルコ人によって占領されたのである。キオスには多量の明礬の蓄積があったとはいえ、すでに見たように、ジェノヴァ船の輸送力はきわめて大きく、たちまちに底をつくことになった。すでに一四五八年末には、明礬の減少をなげく声が聞かれる。この時代、ジェノヴァ経済は深刻な危機に陥ったのであった。しかし、一四六二年になって、事態はふたたび大きく転換した。この年、ローマ教皇領のトルファ（チヴィタヴェッキアの近く）で明礬鉱が発見されたのである。この資源の独占をめぐって、ジェノヴァはメディチ家と激しい抗争をくりひろげた。そして、メディチが独占を果たした一四六六年から七八年までと、一四八五年から八八年までの二つの時期を除いて、ジェノヴァがトルファの明礬を掌握することになった。これには、リグーリア地方出身の教皇シクストゥス四世（デッラ・ローヴェレ家）とインノケンティウス八世（チーボ家）の助力が大きかったといわれる。

ジェノヴァの巨大帆船によるキオス・フランドル・イングランド間の明礬貿易は衰退したが、それに代わって、中部イタリア（チヴィタヴェッキア）とジェノヴァおよびフランドル・イングランドを結ぶ貿易路が成立し、北アフリカ、イベリア半島との商業関係も以前にもまして緊密となった。このような状況の中で、ジェノヴァは「大航海時代」を迎えることになるのである。しかし、それは、もはやこの小文の範囲を越えている。

**参考文献**

この小文を綴るにあたって、次にかかげる W. H. McNeill および J. Heers の著作に主として依拠した。数字を挙げた場合は、すべて Heers, *Gênes* によった。ただし、ヴェネツィアのガレー船の載貨重量は F. C. Lane によった。このほか、Bass, G. F. (ed.), *A History of Seafaring Based on Underwater Archeology*, London 1972. があるが、参照できなかった。

Heyd, W., *Histoire du commerce du Levant au Moyen-Âge*, éd. française par F. Raynaud, 2voll., Paris 1886.

Heers, J., *Gênes au XVe siècle. Activité économique et problèmes sociaux*, Paris 1961.

id., Il commercio nel Mediterraneo alla fine del secolo XIV e nei primi anni del XV, "Archivio Storico Italiano" (1955).

id., Types de navires et spécialisation des trafics en Méditerranée à la fin du moyen âge, "Le Navire et l'économie maritime du moyen âge au XVIII$^{e}$ siècle principalement en Méditerranée" (Travaux du 2$^{e}$ Colloque International d'Histoire Maritime), Paris 1958.

Lopez, R. S., *Genova marinara nel Duecento. Benedetto Zaccaria, ammiraglio e mercante*, Messina 1933.

Argenti, Ph., *The Occupation of Chios by the Genoese and Their Administration of the Island, 1346–1566*, 3voll., Cambridge 1953.

McNeill, W. H., *Venice: The Hinge of Europe, 1081–1797*, Chicago 1974.

Lane, F. C., *Venice and History*, Baltimore 1966.

id., *Venice: A Maritime Republic*, Baltimore 1973.

Luzzatto, G., *Studi di storia economica veneziana*, Padova 1954.

Mallett, M. E., *The Florentine Galleys in the Fifteenth Century*, Oxford 1967.

山瀬善一「中世フランドルの毛織物と明礬」(『国民経済雑誌』94－1)、一九五六年。

# Ⅲ　地中海貿易とガレー船

コンスタンティノープルに向かうガレー船

## 一　ガレー船の形態

### 地中海の風土

中世の地中海貿易を代表するガレー船は、その形態においても、きわめて地中海的な特色を持った船である。それは、細長く、低い舷側を持ち、多数のオールを備えた快速船である。この地域は、いわゆる地中海性気候の支配の下にあり、春から秋まではきわめて安定した天気に恵まれている。突風や雨に悩まされることは少ないし、大西洋のような大波や潮流もない。したがって、オールで漕ぐ舷側の低い船であっても、安心して航海することができる。また、ナイル川、ポー川、ローヌ川などの河口に開けた平野を別にすれば、険しい岩石がそのまま海へ落ち込んでいるような地勢の多い地中海沿岸は、多くの良港をかかえている。さらに、陸地にかこまれたこの海は、船乗りたちにとって越えがたい広がりを持つものではなかった。いわば、適当な広さだったのである。このように、技術的に未発達な古代や中世初期においても、船による地域間の交渉は盛んであった。

このように、オールを備えた船は、地中海地域の一つの特徴であった。ヨーロッパにおけるもう一つの海上活動の中心地であった北海・バルト海地域では、いわゆるヴァイキング船を別にすれば、オールで漕ぐ船はほとんど発達しなかった。そのヴァイキング船も早く消滅してしまったのに対して、地中海では、この種の船はガレー船からガレアス船へと発展しながら一八世紀にまで至ったのである。もっとも、オールで漕ぐ船といっても、推進力をオールだけに頼ったのではなく、帆を併用して人力の軽減をはかっていた。

前５世紀のギリシヤのつぼ絵（オデッセウスがシレーヌ〔サイレン〕の誘惑を受けるところ）

### 古代の船と中世の船

さて、この型の船はきわめて古い歴史を持ち、原型は紀元前八世紀のフェニキア人によって作り出されたとされている。それがギリシヤやローマの軍用船に受けつがれ、中世のガレー船まで伝えられたのである。ただし、この長い歴史の間に船の設計に変化が生じなかったのではない。オールと帆を併用する快速船という基本的性格は維持されていたにせよ、フェニキア、ギリシヤ、ローマの軍用船と中世のガレー船との間には大きな違いがあるのも事実なのである。

その一つは、船体の建造法である。古代の船は、まず板と板を「ほぞ」と「ほぞ穴」で接合することによって外壁（船体）を作り、それを内側から肋材《ろくざい》で補強するという形で建造された。板の端と端を接合する「平張り」であるから、船体の外側はなめらかであり、北海・バルト海地域の「よろい張り」による鈍重な船と違って、はるかに軽快であった。これは、オールで漕ぐ船には特に望まれる条件である。しかし、この技法は、アメリカのある研究者が「家具職人の技術」と形容しているように、きわめて微妙なものであって、高度の熟練を必要としていた。したがって、短期間に多くの船を建造することは、はなはだ困難だったのである。これに対して、一一世紀以降全面的に採用されることになった手法は、まず竜骨と肋材を組合わせて船の骨格を作り、その上に外板を張って船体とするものであった。外板は肋材に打ちつけられ、すき間はせんいとピッチによって埋められた。これは、従来の船と同じ「平張り」であるが、「ほぞ」で板を接合するというような高度の熟練を要する技術によらないので、作業のスピード・アップとコストの大幅な切下げが可能であった。このような技術がこれまで全く知られていなかったのではない。古代でも小型の川船にはこの技法で建造されたものがあった。それが、中世に至って、大型の外洋船に全面的に適用されることになったのである。

このような技術革新が、いつ、どこで生じたかは明らかでない。トルコ西海岸のエーゲ海の水底に沈んでいた七世紀と推定される沈没船について調査した考古学者たちは、この船の喫水線より下は伝統的な「家具職人の技法」で、それより上は新たな「肋材と外板」の技法で建造されていることを発見した。おそらく、この技法は、古代の伝統を中世に伝えたビザンティウムあるいはその勢力権のどこかで、長期にわたって改良され、実用化されたのであろう。W・H・マクニールは、囲いこまれた潟《ラグーン》の中の都市であるヴェネツィアほど、川船の建造法を外洋船に適用するのに適した土地はないとしている。ともかく、一二世紀までにこの技法が地中海の諸地域で全面的に採用されることになったことは確かである。一一、二世紀にイタリアのガレー船隊が地中海を制覇したという事実とこの技法の開発と関連させて理解しようというマクニールの仮説は、きわめて興味深い。しかし、その裏付けは、今後の「水中考古学」の発展にまつほかはない。

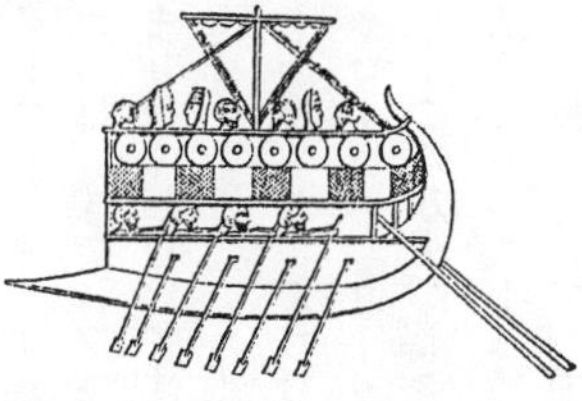
前７世紀フェニキアの二段かい船（平田寛『失われた動力文化』より）

**三段かい船**

古代の船と中世のガレー船とのもう一つの違いは、オールの配列法である。この種の船は、その速力と操縦性のために、もっぱら軍用船として用いられた。速力を高めるためにはオールの数を増やす必要がある。しかし、オールを数多く配列すると、船があまりにも長くなり、構造的に脆弱になってしまう。また、木材の接合技術が不十分であったため、竜骨として使える長大な材木を調達することも容易ではなかった。このような困難に直面した古代の技術者たちは、すでにフェニキアの時代から、オールを上下二段に配列することによって、船をあまり長くしないでオールの数を増やすことに成功したのであった。これがローマ人によって「ビレーミス」と呼ばれた二段かい船で、さらにオールを三段に配列した「トリレーミス」も出現した。これらの船の構造については史料も乏しく、議論があるが、ギリシャのつぼ絵やローマのレリーフから見て、オールが上下に配列されていたことは確かであろう。しかし、この方法によって、船の長さを短くすることに成功したとしても、こんどは船の高さが大きくなってしまう。おそらく、荒天の際にははなはだ不安だったことだろう。

これに対して、中世のガレー船ではオールを上下に配列することはせず、右舷・左舷に二人がけあるいは三人がけのベンチを並べ、漕ぎ手は並んで、それぞれ自分のオールを引いた。オールがたがいにぶつからないように、ベンチは舷側に対して角度をつけて固定されていた。オールの長さは、もちろん漕ぎ手の位置によって長さが変えてあった。二人が並んで漕ぐ船をイタリア語で「ビレーモ」、三人が漕ぐ船を「トリレーモ」と呼んだ。この用語は、ローマ人から受けついだものであるが、内容的にはこのように異なっていたのである。

## 三角帆の出現

古代の船と中世のガレー船との違いの第三は、帆装である。古代の船は、ほとんど例外なく四角帆を備えていた。横帆（四角帆）は背後から追風を受けて帆走するのに適しているが、向かい風には弱く、機動性において劣っていた。これに対して、中世の船は、純粋の帆船も、帆とオールを併用しているガレー船も、三角帆を備えていた。これは、マストの頂点から斜めに長くつりさげられた帆桁に張られるものである。横帆は、たたむことはできても、左右に回転させることが困難であったが、三角帆は、帆桁が船の縦軸に近づくまで回転させることができるので、縦帆と呼ばれる。このように、この帆は縦に張られており、またかなり自由に動かすことができるので、斜め前方から風を受けて前進することができた。これによって、帆船の操縦性は飛躍的に向上したのであった。とくに、大洋におけるような一定方向の持続的な風に恵まれない地中海の場合には、その効力は大きかった。一般に「ラテ

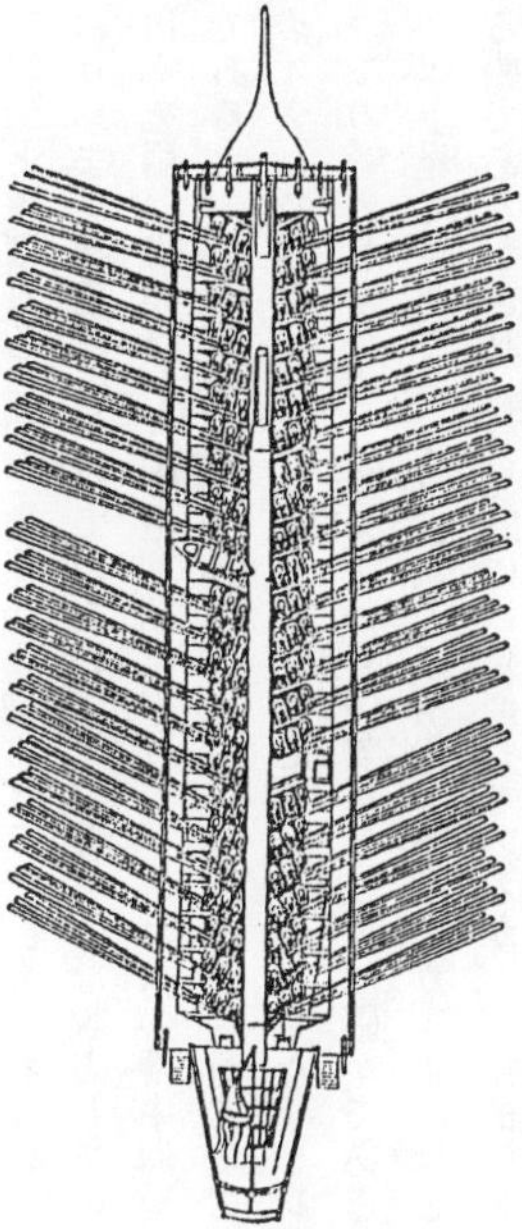

大型ガレー（トリレーモ）のオールの配列（19世紀の復原図）

ン帆」と呼ばれるこの三角帆がいつ、どこで開発されたかという問題も、議論の的になっており、まだ結論は得られていない。一つの有力な説として、アラビアの船乗りは古くから三角帆を用いていたが、中世初期におけるイスラムの地中海進出に伴なってこれが普及したのであると主張されている。現在、この説の当否を判断することはできないが、古代の終焉をイスラムの地中海制覇と関連させて把握しようとした「ピレンヌ学説」に照応する内容を持つこの考えがきわめて興味深いものであることは確かである。

以上見てきたごとく、古代の軍用船と中世のガレー船はともにオールを主たる推進力とする船であるかぎり、外見的には類似しているが、技術的内容においては大きなへだたりが認められる。また、ガレー（ガレーア、ガレーラ）という言葉は中世にでき上がったものであるので（中世ギリシヤ語のガレーア＝「いたち」に由来するといわれている。この動物の細く低い姿勢からの連想であろう）、古代の軍用船をこの言葉で呼ぶのは適当ではないだろう。

このようなガレー船は、およそ九世紀末から一〇世紀にかけて出現した。これらを一般に軽ガレーないしロング・ガレーと呼んでいる。しかし、その構造や大きさについては、残っている史料があまりにも少ない。時代がかなり下がるが、一二七五年にシチリア王シャルル・ダンジューが発注した「プロヴァンス型」のガレーの大きさは、つぎのごときものだった。長さ三九・五メートル、幅三・七メートル、深さ二・〇八メートル、オールの数一〇八本。一一メートルと一八メートルの二本のマストを持っていた。オールの配列は明らかでないが、おそらく左右それぞれに二七のベンチがあり、二人ずつが着席するというビレーモの形をとっていたのであろう。ただし、このガレーは当時としては大型であり、一般にはもっと小型で四〇〜八〇本のオールを備えているものが普通だったらしい。なお、軽ガレーの貨物搭載量は五〇トン以下と考えられている。

## 「航海革命」の時代

一三世紀後半から一四世紀初頭にかけて、一連の航海技術の開発が行われ、地中海は新しい時代を迎えることになった。その中心をなすものは、コンパスの実用化と海図（ポルトラーノ）の作成であるが、ここでは詳細に立ち入らないこととする。ともかく、曇天が続き、方向の見定め難い冬の地中海における航海が、まさにこの時期に可能となってくるのである。

これと時を同じくして、大西洋と地中海が恒常的に結ばれるようになった。一二七〇年代から九〇年代にかけて、ジェノヴァ、アラゴン、バスクなどの海上勢力の攻勢によって、ジブラルタルの制海権がイスラム側から奪回されたのである。その先頭に立ったジェノヴァの商船がジブラルタルを経由してフランドルへ航海するようになったのは、一二七七年からであるといわれている。こうして、大西洋・地中海の直接的な航海が可能となったことによって、地中海地域の商業活動は新たな可能性を獲得したのであるが、造船の技術においても北西ヨーロッパの船の影響が入ってくることになった。なかでも、横帆を備え、高い舷側と屹立する船首楼および船尾楼を持ち、船尾にかじを取り付けた大型のコグ（コッカ、コッゲ）型帆船の出現が大きな意義を持った。この北方型の帆船コグは、多くの人手を必要とせずに操縦が簡単であったので、地中海諸地域に急速に普及した。その構造上重要なのは、船尾材に取り付けた大きなかじである。地中海の従来の船は、両舷の船尾に近い所に二本の大型のオールを取り付け、これをかじとして用いていた。しかし、舷側は強度において劣っているので、かじを大型化し、操縦性を高めることができなかった。大型化しても、それを操るには多くの人手を必要とするうえに、舷側が破損する危険を冒さねばならなかった。結局、船の大型化も不可能だったのである。

これに対して、北方のコグは、竜骨の延長である丈夫な船尾材に大型のかじを取り付け、それをてこや滑車を用いて操っていた。そのため、少数の人手で楽に操作することができたうえ、船を大型化することが容易であった。コグ型船は、こうして地中海の在来型帆船に大きな影響を与え、そのデザインの変化を促進した。その結果、一四世紀の末にいたると九五〇トン（重量トン）にも達する大型帆船がジェノヴァで建造されることにもなったのである。

## 大型ガレーの出現

ガレー船もまた、この影響を受けた。こうして改良を加えられたガレー船は、大ガレーあるいはガレー商船と呼ばれた。

大ガレー船は、軽ガレー船に較べて、長さにおいてはあまり変わらないが、幅と深さが大きくなり、搭載量がはるかに大きくなっている。軽ガレーのように軍用船として用いられるだけでなく、商品や旅客（聖地への巡礼）を輸送したので、ガレー商船とも呼ばれるのである。また大ガレーは、三本マストに大きな三角帆を張っており軽ガレーよりはるかに帆船としての性格が強かった。かじも船尾にとり付けられるようになっていた。初期のガレー商船は、船倉に一五〇トン、甲板の上に五〇トン、計二〇〇トン積むことができたという。ガレー商船は、時とともにますます大型化し、一六世紀に入ると船倉に二八〇トンを積めるものも出現した。しかし、数百トン以上を積むコグ型船に較べればはるかに少ないし、二〇〇人にものぼる乗組員（その多くは漕ぎ手）を必要とするので、一人あたりの輸送量は比較にならない。

ガレー船の船首には竜骨の延長として鉄製の衝角があり、海戦の際には敵の船の舷側を突き破るのに用いられたが、実際にはあまり効果がなかったらしい。船尾には三層の船尾楼があり、船長その他の高級船員や賓客の居室があった。一般の船員はつねに甲板の上、雨除けないし日除けのために張られたキャンバスの下にいたのである。

| 年 | | 長さ(m) | 幅(m) | 深さ(m) | オール(本) |
|---|---|---|---|---|---|
| 1275 | プロヴァンス | 39.5 | 3.7 | 2.08 | 108 |
| 1318 | ヴェネツィア | 40.4 | 5.3 | 2.4 | |
| 1320 | ヴェネツィア | 40.4 | 5.7 | 2.4 | |
| 1333 | ジェノヴァ（軽ガレー商船） | 40.5 | 4.75 | 2.1 | |
| c.1420 | ヴェネツィア | 41.2 | 6 | 2.7 | |
| 1422 | フィレンツェ（ガレー商船） | 42.2 | 7.9 | 2.8 | |
| 1454 | ジェノヴァ（バスタルダ） | 41.25 | 5 | 2 | 166 |
| c.1500–20 | ヴェネツィア（ガレー商船） | 47.8 | 8 | 3.1 | |
| 1520–49 | ヴェネツィア（ガレー商船） | 46.1 | 7.5 | 3 | |
| 1549–59 | ヴェネツィア（ガレー商船） | 47.8 | 8 | 3.1 | |

ガレー船の大きさ

## 二　ガレー船の軍事力

### 商業活動と軍事活動

軽ガレーの出現は、九世紀末～一〇世紀のことと考えられている。これは、まさに西ヨーロッパの「商業の復活」に直接先行する時代である。当時も、またその後も、商業活動と軍事活動とは明確に区別できるものではなく、相互に結びついていた。交渉の当事者同士の勢力が均衡していれば、「平和な」取引が行われ、勢力に差があれば、一方が他方に対して多かれ少なかれ有利な価格を強制する。さらに、その隔差がきわめて大きく、また状況がそれを許せば、略奪が行われることにもなるのである。ビザンティン帝国の勢力がなお無視できなかった東地中海を活動の場としたヴェネツィアの場合はともかく、西地中海におけるジェノヴァやピサの海上発展は、コルシカやサルディニヤなどのイスラム勢力との軍事的対決を通して進展したものであったから、軽ガレーは文字どおりイタリアの商業発展の尖兵を勤めたと考えてよいだろう。

ガレー船は、基本的に軍用船であった。軽ガレーで四〇人から一〇〇人、大型ガレーで二〇〇人に近い漕ぎ手がオールを引くのであるから、そのスピードはかなりのものであったに違いない。ガレーは帆船と違って、風向きや風力に関わりなく随時スピードをあげることができた。もちろん、全員が長時間にわたって漕ぎ続けることができるはずはない。緊急の場合を除いては、順次交替して休憩したし、帆走する場合もあった。そして、必要があれば、全員がオールについてピッチを上げることができるのである。このように、ガレー船は速力が速かったが、それと同時に操縦性にも優れていた。帆船と違って急速な発進、旋回、停止などが可能であったし、何隻ものガレ

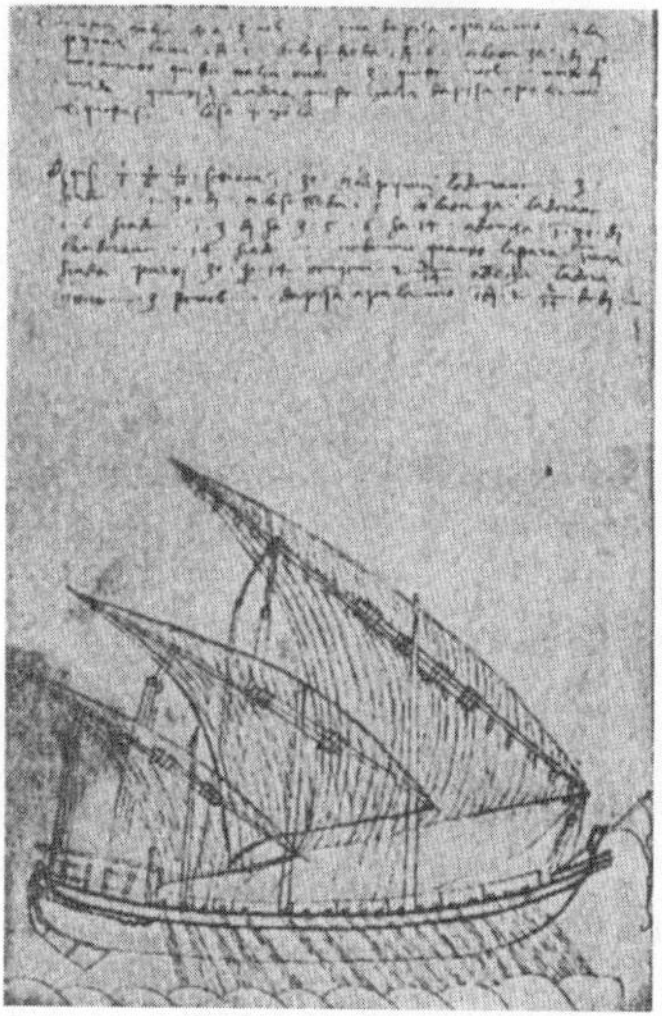

15世紀ヴェネツィアの写本「ガレー船建造法」に描かれた大型ガレー

ー船が団体行動をとることもできた。火砲出現以前のことであるから、海戦は基本的に接近戦の形で行われた。一三世紀の末には、バルセロナ、ジェノヴァを中心とする地中海北岸でいし弓が発明され、大きな勢力をふるうようになったが、その場合でも、敵の船にのり移って白兵戦を行うという形で戦闘の決着がついたのであった。このような戦闘においては、速力、操縦性に優れ、一〇〇人から二〇〇人にのぼる漕ぎ手を擁するガレー船が圧倒的に有利であった。漕ぎ手は、そのまま戦闘員となったからである。

注意しておかねばならないのは、当時の戦闘は決して純粋の海戦として行われたのではないということである。多数の人が乗り組み、オールを漕ぐ船であるから、航続距離が長くない。大量の食料や水を積み込むことも不可能である。一四世紀以降のガレー商船は帆船としての性格が濃厚であるが、軽ガレーの場合、昼間は航行しても、夜は停泊地で休むのが普通であった。つまり、軽ガレーは沿岸航路を航行したのである。したがって、軽ガレーによる戦闘は、海岸の停泊地をめぐる戦闘という形をとった。軽ガレー船同士の戦闘は、結局、停泊地の防備施設に対する攻城戦ということになったのであった。喫水の浅い軽ガレーは、いわば「水陸両用」船である。敵を制圧した軽ガレーの乗組員は、ただちに船を海岸につけ、攻城戦を展開した。その際にも、多数の乗組員が持ついし弓は大きな威力を発揮したのである。

要するにガレー船、とくに軽ガレーの軍事力は、水域を支配したのではなく、沿岸を支配したのである。ヴェネツィアがアドリア海からエーゲ海の沿岸にいくつもの根拠地を設け、それを結ぶ海外帝国を築き上げたのは、まさにガレー船の軍事力によるものであった。このような事態が変化を見せるのは、火砲が発達し、優秀な北方船の地中海への大量進出が行われる一六世紀のことなのである。ガレー船の構造そのものが、戦闘や政治的支配の形態に内的に結びついているということができるだろう。

大型ガレー（15世紀の木版画）

### ガレー船の航法

最後に、ガレー船の航行方法について一言しておこう。すでに述べたように、軽ガレーの航法については、もっぱらオールを用い、帆に頼る割合は低かったと推測されているが、詳細を明らかにしうる史料は存在しないというのが実状である。それに対して、時代ははるかに後のことになるが、一六世紀末の状況については、興味深い史料が存在する。それは、一五九五～九六年にコンスタンティノープルのスルタンのもとへ派遣されたヴェネツィア共和国大使レオナルド・ドナの航海日記である。

ドナの乗った船はバスタルダと称される大型軍用ガレー

であるが、一五九五年八月二五日にヴェネツィアを出帆してダルマティアの沿岸を南下した。八月三〇日にザラ、九月七日にブドゥア（ブードヴァ）、九月一一日にコルフ島に到達、九月一八日にはペロポネソス半島の南端を通過して北方へ向きを変え、エーゲ海を北上した。そして、九月二七日にレスボス島、翌日テネドス島に寄港して、九月三〇日にトラキアのボロウ（クサンチ湾の奥のポルトラゴス）に到着してその航海を終った。全行程約三〇〇〇キロである。レオナルド・ドナはここから陸路でコンスタンティノープルへ赴いた。ところで、詳細に検討すると、ブドゥアまでとそれ以降とでは航海のやり方が異なっている。ブドゥアまでは沿岸航路をとり、一日の行程も短い。大体四五海里（八三キロ余）程度を進んだ。時速はおよそ四・五海里（八・三キロ）で、これは四・五ノットを意味する。もっぱらオールを用いている。オールによる航行七二時間に対し、帆走が九時間、両者併用が八時間であった（不明一四時間）。これに対して、ブドゥア以後は沿岸航路をはなれ、むしろ沖合を航行することが多くなる。一日の行程も増大し、もっぱら帆走を行うようになる。ブドゥア―ボロウ間は、帆走一二七時間、オールによる航行二九時間、両者併用三二時間であった（不明四九時間）。時速もおよそ六海里（六ノット）と増大し、一時間に一三海里を進んだ場合もある。もっとも、全行程を通してみても、航行時間は全所要時間の四〇％弱にすぎず、補給ないし休息が二七％、悪天候・風待ちが二三％を占めていることが注目される。また、船の修理その他の都合による停泊が一一％あった。オールによる航行の場合には、早朝に出発して、夕刻またはそれ以前に次の港に入って宿泊するのが普通であったらしい。帆走の場合には、二四時間継続して航行することもあった。しかし、それ以上の時間にわたって航行することはなかった。三七日間の航海の途中停泊地は二五ヵ所であった。

ヴェネツィア―ブドゥア間とそれ以後との航行のパターンの違いは何に起因するものであろうか。アドリア海をダルマティアの沿岸によって南下するのは、ヴェネツィアの伝統的航法であった。都市政府は、この沿岸地方の各地に補給基地を獲得し、これを根拠地としてその勢力圏を拡大した。したがって、一六世紀末に至ってもヴェネツィア大使をのせたガレーは伝統的航路を忠実にたどって行った。スペースに余裕のないガレー船の乗組員にとって、しばしば寄港し補給を受けるほうが楽であることはいうまでもない。おそらく、かつての軽ガレーの航法がここに再現しているということができよう。それに対し、エーゲ海は「外洋」である。ヴェネツィアが補給基地として利用できる港の数も限られていたであろう。そのために、このガレーももっぱら帆走するようになったと思われる。つまり、ブドゥア以後は普通のガレー商船に近い航法をとったと考えてよいであろう。

以上は大使の乗船した大型の軍用ガレーの場合であるが、純粋のガレー商船になると、帆船としての性格はさらに強い。一四三〇年にサウサンプトンを出港してピサに戻ったフィレンツェのガレー商船は、リスボン、シルビス、カディス、マヨルカに寄港しただけで、わずか三二日間で全航路を走破した。とくに、サウサンプトンからビスケー湾を横断し、リスボンに至る千数百キロを一気に航海したことは、帆船としてのガレー商船の優秀性を示している。ただし、このようなガレー商船にしても、緊急の際にオールを引くための人員を多数乗り組ませているのであって、一般の大型帆船（いわゆる丸型帆船《ラウンド・シップ》）とは全く異なっていることは前述のとおりである。

## 三　ガレー船の商業活動

### ガレー船の輸送力

以上において見たように、ガレー船は軍用船として開発されたものである。伝統的な軽ガレーのみならず、商業活動に利用されることの多いガレー商船でさえ、軍用船としての性格を濃厚に留めていた。速度や操縦性に優れていること、団体行動のとりやすいことなどがその利点であった。その反面、多数の漕ぎ手を必要とするために、帆船に較べて積載量でいちじるしく劣っていた。イタリア海港都市の中で船の大型化については他都市をリードしていたジェノヴァでは、一四世紀末には載貨重量一〇〇〇トンに近い大型帆船を就航させていたという。このような大型帆船でも乗組員は一〇〇名程度であったから、乗組員一人当りの輸送量は一〇トンということになる。これに対し、最大級のガレー商船で二〇〇トン、乗組員二〇〇人であるから、一人あたり一トンの輸送量にとどまる。つまり、ガレー船は軍事的に強力で、安全であるが、輸送コストはいちじるしく高いのである。

このような船で輸送するのに適している商品は、容積がかさばらず、軽くて価格の高いものに限られる。つまりガレー商船は、伝統的なレヴァント貿易の中心的商品であるこしょうなどの香料や奢侈品の交易にもっとも適していたのである。

## ヴェネツィアのガレー商船

この点で徹底していたのは、レヴァント貿易の最先進都市ヴェネツィアであった。そこでは、商品を次の三つのカテゴリーに分けていた。すなわち、軽くて高価な商品（香料、染料、絹織物）、軽いが価格の比較的低いもの（木綿）、重量があって安いもの（穀物、塩）の三つである。そして、第一の商品はガレー商船のみが輸送するものとし、都市国家による厳重な規制を行った。第二の商品は大型帆船が輸送したが、これも国家による規制に服すものとされた。第三の商品については、商人や輸送業者の自由に委ねられていた。要するに、ガレー商船は香料などの貴重な商品の輸送独占権を持っていたのである。

海上交易に対してヴェネツィアの都市政府が行っていた規制とは、ムーダ制度と公定運賃制度であった。まずムーダ制度から見ることにしよう。ムーダという語は多義的であるが、何隻もの船がまとまって航海する船団、あるいはそのスケジュール（航海期間、荷物の積み下しの期間など）を意味している。すでに一二世紀からヴェネツィア船は、敵や海賊の攻撃に備えるために、アドリア海を南下してイオニア海に出るまで船団を組んで航行するようになっていた。それがさらに発展し、船団は、ヴェネツィア元老院によって任命された船団長の指揮のもとに、あらかじめ決められたスケジュールに従って航海するようになる。ムーダのスケジュールは、政治や経済の状況を慎重に検討したうえで、決定されるのである。一四世紀後半の場合、レヴァントへ行くシリア・ムーダ、ロマニア（ギリシヤ）・ムーダ、アレキサンドリア・ムーダ、それにフランドル・ムーダがあり、一五世紀に入ると北アフリカ（チュニス、トリポリなど）行きや南フランス行きの船団も仕立てられた。ムーダを構成するガレー船は二、三隻から五隻ぐらいが普通であったらしい。

**国有ガレー船**

ガレー船ははじめ私有船であった。船舶所有者は、元老院によって決められたスケジュールに従うかぎり、自由に船団に参加することができたが、やがて元老院の規制は強化され、とくに指定された船だけが参加するようになった。このような傾向はさらに進み、都市政府が国立造船所で建造した国有ガレーの船団を直接運営したり、入札によって商人に貸し付けて貿易を行わせたりするようになる。一三一四年に都市政府は多額の補助金を出して、フランドル航路を開拓し、フランドル・ムーダを設けたが、これが国有ガレー船方式への第一歩となったのである。一四世紀の中葉にはすべてのムーダが国有ガレー船によって運航されるようになっていた。船団長が元老院によって指名されるほか、目的地、寄港地、航海の期間、運賃、さらに船員の給与に至るまで元老院の決定権に属することになった。このような国有ガレー船団を入札によって商人に貸し付ける方法はこの後二〇〇年も続き、一五三四年にまで至ったのであった。

この他、木綿のような価格の低い東方物産は帆船で輸送されたが、これも特別のムーダ制度に服すことになっていた。前述したように、帆船は団体行動をとるのが不得手であるので、ムーダといってもガレー船の場合のように厳密なものではなく、おおよそのタイム・スケジュールであった。つまり、外国からガレー船や帆船でもたらされる商品がいつヴェネツィアの港に到着するかについて、ヴェネツィアの市民ならば誰でも十分に心得ていたのである。都市政府は、このムーダ制度と主要商品の運賃公定制度によって、海外貿易を実に効果的に管理していたのであった。その結果、海外貿易のリズムは安定し、持続的な商品の入手が可能となっただけでなく、少数の者が独占的な利潤を上げることを不可能とし、さらに関税収入という形で貿易の利益を国家財政に吸収し、市民の間に再分配することができた。これが商人貴族の共同体としてのヴェネツィアの政治的安定に大きく寄与したのである。ムーダ制度は、ヴェネツィアの国家制度そのものにきわめて適合的だったといえるだろう。

普通の帆船のムーダは年に二回組まれていた。つまり一年に二往復するのである。帆船が商品を積んでヴェネツィアに帰港するのは、三、四月と九、一〇月である。一方、ガレー船の船団は年に一回の航海を行う。七月末から八月にヴェネツィアを出港し、往復それぞれ一ヵ月、目的地での停泊に一ヵ月を要し、一〇月から一一月に帰港した。ただし、一四世紀のフランドル・ムーダは三月に出帆、年内に帰着したが、一五世紀中葉になると、七月一五日に出帆し、翌年五月末に帰港したといわれている。

## 取扱い商品

それでは、これらのガレー船はどのような商品を運んだだろうか。時代によって取扱い商品にも若干の変化があると思われるが、ここでは史料に比較的恵まれている一四世紀末から一五世紀初頭の状況について見ておくことにしよう。まず、アレキサンドリア・ムーダであるが、エジプトからの輸入品はこしょうが大部分を占めており、その他には若干のしょうがが認められるだけである。それに対して、エジプトへの輸出品は毛織物、ビロード、ガラス器、紙などの手工業製品と、銅や水銀などの金属であった。つぎにシリアからの輸入品は、こしょうをはじめとする多種多様な香料、ロードス島の砂糖、キプロスの織物などであり、エジプトの場合のように一品目に集中していない。ヴェネツィアからの輸出品は織物、ガラス器、ドイツ産の錫であった。ガレー船貿易は広範な地中海貿易のごく一部を占めているにすぎないので、ガレー船の場合だけを取り上げて貿易収支を論ずることはできないが、一般にアレキサンドリアとの貿易はヴェネツィアの出超、シリア貿易は入超であったといわれている。実際に、ヴェネツィアのガレー船は大量の金貨を積んでベイルートへ向かったと推定されている。つぎのロマニア（ギリシヤ）・ムーダの場合には、また性格が異なっている。このムーダを構成していたのは、普通二隻のガレー商船であるが、特定の目的地へ直行せず、多くの港に寄港してそれぞれの地方的特産物を集荷するという「沿岸貿易」の方式をとっていた。ギリシヤではコンスタンティノープル、ネグロポンテ、モドン、コルフ、黒海地方ではカッファ、タナ、トレビゾンドへ寄港し、皮革、毛皮、ろう、絹、コチニール染料、および若干のこしょうをもたらしたのである。要約すれば、ガレー商船がヴェネツィアにもたらした商品は、エジプトからこしょう、シリアから各種の香料と砂糖、高級織物、ギリシヤからは皮革、金属、絹、ろうということになる。

このようにしてヴェネツィアに集められた東方物産は、陸路、海路を通じてヨーロッパ各地へ売りさばかれたが、その活動の一端をになっていたのがフランドル・ムーダであった。その目的地はイギリスではサウサンプトン、テームズ川河口の諸港、フランドルではブルージュ、場合によってはアントワープであった。輸出商品は香料、砂糖、木綿、ぶどう酒など東方物産全般にわたり、それにヴェネツィア産の絹織物や紙など手工業製品が加えられた。これらのガレー商船は、帰りにはもっぱらイングランドの羊毛、フランドルの毛織物を運んだが、さらに途中のスペイン諸港から絹、砂糖、ぶどう酒、まぐろ、コチニール染料、水銀などをもたらした。

## 広範な地中海貿易

以上のように、ヴェネツィアのガレー商船はきわめて広範な活動を黒海から北海に至る海で展開していた。その取扱い商品は、東方物産の中でも最も重要な香料や絹であったので、ガレー船団がヴェネツィア商業において占めた位置は大きかった。しかし、地中海の商業活動が香料や奢侈品の交易に終始していたわけではけっしてない。たとえば穀物貿易がある。かつては、中世における穀物貿易は量的にも少なく、ローカルな現象であると考えられていたが、研究が進むにつれきわめて大きな広がりを持っていることが明らかになった。潟《ラグーン》の中の小島に一〇万に近い人々がひしめいているヴェネツィアの場合には、穀物貿易は特に重要な意義を持っていたのである。穀物は、はじめアドリア海およびイオニア海諸地方からもたらされたが、次第にその範囲が拡大し、一四世紀にはエーゲ海北部や黒海地方から運ばれてくるようになった。また、長い間西ヨーロッパが東側に提供し得るごくわずかな商品の一つであった奴隷や木材も、この時代、いぜんとして重要な輸出商品であった。とくに奴隷は、多く黒海沿岸で入手され、コンスタンティノープルをへてキプロス、クレタそれに最大の市場であったアレキサンドリアに運ばれた。その他、ぶどう酒やオリーブ油の交易も盛んであった。しかし、これらの商品はガレー船で輸送されるものではなかった。キプロスやクレタ特産の甘味の強い濃いぶどう酒はイギリスなどの北ヨーロッパで特に歓迎されたため、フランドル向けのガレー船に積み込まれたが、これは例外であって、これらの重い荷物はつねに帆船で運ばれていたのである。ヴェネツィアのガレー船による華やかな香料貿易も、帆船による活発な交易活動を背後に持っていたのであって、後者との関連なしには十分に理解できないであろう。

## ジェノヴァの海運業

終りに、ヴェネツィア以外のいくつかの都市の事情についても触れておくことにしよう。まず、地中海貿易におけるヴェネツィアの最大のライヴァルであったジェノヴァの場合は、ガレー船を用いない貿易の方向に進んでいった。もっとも利益の多い香料の市場は、すでにヴェネツィア人によって掌握されていたので、逆に明礬、木綿、ぶどう酒、羊毛、塩、穀物などの重くかさの大きい商品の交易に専業化していったわけである。そのためジェノヴァにはガレー商船は存在せず、ガレーはすべて軍用に用いられていた。逆に帆船は次第に大型化し、一四世紀末には一〇〇〇トンにも及ぶ大型帆船が建造されていた。これは、中世における最大の船である。特に興味深いのは、キオス島を植民地としたジェノヴァがここを小アジアで産出する明礬の集積地として、北ヨーロッパへ明礬の大量輸送を行ったことである。明礬は、中世における唯一の大規模工業ともいうべき毛織物の媒染剤として欠くことのできないものでありながら、ヨーロッパにはほとんど産出しなかった。この点に着目したジェノヴァ人は、毛織物工業の最大の中心地フランドルへキオス島から一〇〇〇トンもの大型船で直接明礬を輸送したのである。一四四五年に九隻の船がフランドルへ運んだ明礬の量は、なんと三〇〇〇トンにのぼったといわれている。北西ヨーロッパ産の毛織物が一三世紀以降西ヨーロッパ側の重要な輸出商品であったことは広く知られているが、一五世紀における毛織物工業がトルコの明礬で支えられていたことは、大変興味深い事実である。

## フィレンツェのガレー船

内陸都市フィレンツェも、一四〇六年に宿敵ピサを征服し、さらに一四二一年には良港リヴォルノをジェノヴァから購入した後、地中海貿易に進出した。早くも一四二二年春には軽ガレーによるコルシカおよびアレキサンドリアへの航海が行われ、つづいてカタロニア航路、フランドル航路が開拓された。この後約半世紀にわたって、フィレンツェのガレー商船は地中海各地及びフランドル航路で活躍したのである。

フィレンツェは、ガレー商船隊の運営にあたってヴェネツィアのモデルを踏襲した。ガレー商船は都市国家の所有であり、それぞれの商船隊の運営権は入札によって市民に与えられた。その活動は、フィレンツェの毛織物工業・絹織物工業と密接な関係があることが指摘されている。つまり、ヴェネツィアのように高価な香料や奢侈品をレヴァントから持ち帰り、あるいはそれを再輸出することが主要な活動だったのではない。おそらく、地中海貿易の後進国フィレンツェとしては、香料貿易に参加することが困難だったのだろう。フィレンツェのガレー商船がレヴァントへ運んだものは、もっぱら毛織物であり、輸入したのは絹や各種の染料であった。また、ナポリ、サレルノ、シチリアの諸港にもひんぱんに寄港し、毛織物を荷降ろしした。一方、フランドル航路について見ると、フィレンツェはほとんど独自の輸出商品を持っていなかった。若干の高級毛織物や絹織物がわずかな例外であって、ガレー商船の活動の重点は、イングランド産羊毛の大量輸入にあったらしい。ガレー商船がリヴォルノを出港するときは、あまり多くの商品を積み込んでおらず、プロヴァンスやカタロニアでアーモンド、干しぶどう、米、ろう、絹、コチニール染料、サフランなどの商品を積み込んでオランダのスリュイスかミッデルブルクで荷降ろしする。さらにサウサンプトンで羊毛を積んで帰国するというのが、普通のパターンであった。また、帰途のカタロニア、プロヴァンス、北アフリカから皮革、羊毛、染料、木綿、まぐろなどを輸入した。たとえば、トスカーナ一円で盛んであった皮革工業は、すでに一五世紀からスペインや北アフリカの皮革を原料としていたのである。

要するに、フィレンツェにおけるガレー商船の活動は、ヴェネツィアの場合のように、高価なレヴァントの奢侈品の取扱いに特殊化していない。輸送コストの高いガレー船には必ずしも適していない毛織物などの商品をさかんに扱っていた。この点でも、ガレー商船を放棄し、大型帆船によって明礬などの価格が低くかさの大きい商品の大量輸送に専業化したジェノヴァのように徹底しているわけでもない。フィレンツェのガレー商船の活動は、中途半端なものであった。フィレンツェにおけるガレー商船の歴史がわずか半世紀で幕を閉じるのは、おそらくこのような事情によるものだろう。

カタロニアの商人たちも、イタリア商人には一歩及ばないものの、やはり活発な海上活動を行っていた。かれらもガレー船を有し、バルセロナ、エーグモルト、マルセイユ、シリアとの間の交易に従事していた。かれらもシリアからこしょうその他の香料を輸入し、途中各地の寄港地にスペイン産の羊毛を供給していた。また、地理的に近いマグレブとの関係も密接であった。まことに奇妙なことであるが、一四、五世紀の北アフリカ諸国は、ほとんど商船隊らしいものを所有していなかった。おそらく、この地方における造船用木材の深刻な不足によるものであろう。マグレブ海岸に沿ってイスラムの商人たちを運んだのも、イタリアやカタロニアの船だったのである。

## 地中海貿易における東西関係の逆転

以上見てきたように、一四、五世紀における地中海貿易は、きわめて大きな広がりと密度を持っていた。地中海諸港には大小の帆船やガレー船の航路が網のように張りめぐらされ、活発な取引きが行われていた。一〇、一一世紀に地中海貿易が「復活」した時代には、ビザンティウムやイスラム圏と西ヨーロッパとの経済的・文化的格差は明瞭なものであった。後者は、前者から香料や精巧な手工業製品を輸入し、木材や金属のような原材料や奴隷などを輸出していた。しかし、一三世紀から一四世紀にかけて西側の工業力が発展し、逆にエジプトや北アフリカにおける工業が衰退したことによって、この関係は次第に変化し、やがて逆転するようになったと思われる。一四世紀末からエジプトやシリアへ大量の西ヨーロッパ産毛織物の進出が始まった。たとえば、古くから重要な織物工業の中心地であったアレキサンドリアでも織機の減少がいちじるしく、人々は古来の麻の服をすててヨーロッパ産の毛織物を身にまとうようになったといわれている。同じようにガラス器、金属製品、紙などが西ヨーロッパからかつての本場へさかんに輸出されるようになった。つまり、一一世紀と一五世紀では東方貿易の構造が大きく変化していたのである。

### ガレー船の衰退

ガレー船貿易がこのように活発で広範囲に及ぶ貿易活動の一環をなしていたことは、その取扱い商品を見てもうなずかれるところである。しかし、何といってもその活動の中心は香料の輸送に置かれていた。コストの高いガレー商船は、莫大な利益をあげ得る香料の独占によってのみ維持されたのであった。つまり、ガレー商船は、地中海貿易におけるもっとも伝統的・保守的な部分を代表していたともいえるであろう。したがって、香料の独占が失われたとき、ガレー商船もその存在の基盤を欠くことになるのである。バスコ・ダ・ガマによるケープ航路の開拓によって実際にこのような事態が生じた。今や、多量の香料が地中海を経由することなく、インドから直接ポルトガル、オランダへもたらされることになった。もっとも、新航路の開拓によって地中海における香料の流れが止まってしまったというかつての学説は、今日では否定されている。たしかに一六世紀初頭には一時その流れがストップしたかもしれない。しかし、ケープ航路も従来漠然と考えられていたほど安定したものではなく、逆に何百年もの間つちかわれてきたインド商人、アラブ商人、イタリア商人の連携は、強い生命力を維持していた。一五二〇年頃には地中海の香料貿易は復活し、一五七〇年までの五〇年間にわたってケープ航路開拓以前のレヴェルは保たれていたのである。しかし、地中海の香料独占はすでに崩壊していた。ほぼ同量の香料がポルトガル船によって輸送されていたからである。これがガレー商船にとって決定的な打撃となった。一五一四年、ヴェネツィアにおいてガレー商船以外の船が香料を輸送することがはじめて認められた。また、一五三三年を最後としてヴェネツィアのフランドル・ムーダが廃止され、二度と復活することがなかった。ガレー商船の時代は、ここに終わりを告げたのである。地中海貿易は依然活発であったが、その主役の座は、やがてイギリス船、オランダ船が占めることになった。

軍用船としてのガレーの生命は、それでもまだ失われたわけではなかった。しかし、三角帆と四角帆の双方を備え、経済的であると同時に操縦性において優れているカラック型帆船の出現と火砲の発達はガレー船に大きな打撃を与えた。舷側が低く、多数の乗組員を擁して接近戦を得意とするガレー船は、強固な外壁と高い舷側を持つ帆船からの一斉射撃に対抗する術を持っていなかったからである。また、火砲の発達に呼応して築城術も進歩し、頑固な城砦が築かれるようになったため、「水陸両用」のガレー船による攻城戦もはなはだ困難になってしまった。一五六五年にオスマン・トルコの大軍がマルタを攻囲したが結局失敗に終った例が示すように、攻城は長期にわたって大軍を動員しても容易ではなく、経済的に引き合わないものであった。ガレー船を動員し、海岸の防衛拠点をめぐる攻防戦を行うことは、もはや時代遅れであった。多数の火砲を搭載した大型帆船が海上をパトロールし、海域を確保するというのが、海戦の基本となった。こうして、軍用船としてのガレー船も、一七世紀にはその価値を失っていったのである。

**参考文献**

W・H・マクニール『ヴェネツィア――東西ヨーロッパのかなめ、1081－1797』岩波書店、一九七九年。

平田寛『失われた動力文化』岩波新書、一九七六年。

H・シュライバー、杉浦健之訳『航海の世界史』白水社、一九七七年。

H・ホッジズ、平田寛訳『技術の誕生』平凡社、一九七五年。

# Ⅳ　イタリア中世都市の「市民」と「非市民」

両替商

イタリア中世都市の市民とは何か、かれらが持っていた市民権とは何か、という問題に答えることは大変に難かしい。北西ヨーロッパの都市は、若干の例外はあるにしても、市壁の外に広がる領土というものを持っていなかった。したがって、都市の法は、市壁に囲まれた特定の都市領域とその周囲のごく狭い範囲にのみ妥当する。都市外に住みながら市民権を享受する少数の「市外市民」が存在したことは知られているが、都市法の地域的な適用範囲については、大きな問題はなく比較的明確であったと思われる。しかし、イタリア都市の場合には、事情が違っている。北・中部イタリアの主要都市は、すべて市壁外に広大な農村領域(コンタード)を有する領域国家であった。たとえば、一四世紀初頭のフィレンツェの場合を見ると、その広さは日本の小型の県ほどの大きさに達していた。この範囲全体にフィレンツェの都市法が適用されていたのである。したがって、北西ヨーロッパの都市に見られるような「都市法という特殊な法の適用を受けるもの」という意味での市民概念は、実体的な意義を持っていなかった。都市居住者も、農民も、基本的には都市法に服することになっていたのである。

市民 cittadino という概念には、いくつかのレヴェルがあった。まず、居住地によって区別する方法であって、この場合の市民は、「コンタード居住者」contadino の対立概念である。これと密接な関係があるものに、都市とコンタードのどちらで税を払っているかという区別がある。都市に住みながらコンタードで納税しているもの、あるいはその逆、さらに都市とコンタードの両方で納税しているものなどがいるので、問題は複雑であった。最後に、社会的・政治的にもっとも重要なのは、都市の保護を受けると共に、アルテ（ギルド組織）に加入し、地域社会において特定の政治的権利を行使するものという概念であった。このような市民は、当時の法学者によって「真の市民」vero cittadinoと呼ばれている。「真の」という形容詞自体が市民の多様性を示しているし、一体だれが「真の市民」としての待遇を受ける資格があるのかという点でしばしば争いがあった。このように、この概念自体も決して明確なものだったわけではなかった。とくに、フィレンツェ領外から移住してきたものの権利については、争いが生ずることが多かったのである。一三二六年のフィレンツェの都市条例（都市法）は、新たに市民権を得たものが、都市内に居住していること、都市の課税台帳に登録していること、さらに都市国家に対する物的・人的負担を行っていることを証明できない場合には、市民権を失うと規定している。一三五二年になると、この規定はさらに強化され、一三四八年（かの黒死病の年）以降に市民権を得たものに対して、今後五年間にわたって納税その他の都市国家に対する義務を履行することを、保証人を立てて誓約すべきであると定めている。

この一三五二年の都市法は、新たに市民権を得たもの（新市民）が都市内またはコンタードに不動産を取得すべきことを規定している。これは、おそらくはるかに古い時代にさかのぼる規定であろう。J・キルシュナーの調査によれば、その金額は五〇〇ないし一〇〇〇フイオリーノという高額であった。これから見ると、新市民はいずれも安定した資産を持つ階層であったことは疑いない。一三七八年一月になると、都市国家の政策はさらに強化され、新市民は土地ではなく、新たな家を建てることを要求された。その価格は少なくとも一〇〇〇フィオリーノ、一年以内に建築が終ることが要求された。新市民は、これについても保証人を立てて義務の履行を誓約することになった。

このような条件を満たしたとしても、かれらが「真の市民」として政治に参加できたわけではなかった。一三二五年の都市条例によれば、ローマ教会に忠誠をつくすグェルフィ派に属し、かつフィレンツェの都市およびコンタードに生まれたものだけが、アルテや都市国家の公職に就けることになっていた。その上、かれ自身または「先祖」が一〇年間にわたって課税基準台帳に登録していなければならなかった。一三五二年の立法は、すべての新市民が都市政府の重要な官職に、最低でも一〇年間、場合によってはさらに長期にわたって就任できないと規定した。そのほかの公職についても、新市民は一〇年から三〇年の長期にわたって道を閉ざされていたのである。このように、フィレンツェ領外から移住してきた新市民は、家を持ち、納税などの義務を履行しながらも、なお一〇年あるいはそれ以上も、完全な意味での市民権を享受することができなかったのである。

ここで考えられねばならないのが都市の二面性、すなわち中心地としての都市と住民の共同体としての都市の二面性である。都市は、商人や手工業者の集住地として周囲の特定の範囲に影響を及ぼすと共に周辺の農業生産力によって維持される。この商業的、手工業的影響圏は、きわめて狭いものから広範囲にわたるものまで実に多様であった。また、都市は教会や修道院、大学などの教育機関を通じて宗教的、文化的中心地としての影響を周辺に及ぼす。このような中心地としての機能は、都市を社会的編成の中核とした。これを人の側からみると、中心的機能の大小に応じて、都市にはさまざまな人が集ってくることになる。こうして、都市は、周囲の農村から始まって広い世界に結びつき、その結果、多様な人びとを包みこむことになるのである。

その一方で、都市はその中心地としての機能を維持し発展させるために、共同体としての自治的な運営を行おうとする。それは決して広い範囲の人びとに開かれていたわけではなく、外来者はできる限り排除されていた。そこに継続的に、できれば先祖代々居住し、家屋敷を構え、商人、手工業者あるいは土地所有者として、その地の利害につねに密接に関わっているもののみがその運営に参加できると考えられていた。この意味では、都市は、きわめて閉鎖的あるいは排除的な性格を持っていたと言えよう。

つまり、都市は、周辺の地域を統合し編成する中心地としての機能を持ち、それ故に広い範囲から人びとを受け入れる開かれた性格を有しているのであるが、その反面で、共同体として他者を排除する閉鎖的な性格をも持っているということになる。一見したところでは矛盾しているかに見えるこの二つの性格は、都市の機能そのものの中に、根を持っているのであろう。

この所、私は一四世紀ピサの公証人文書の調査に従事しているが、その作業の中で以上の問題についての暗示を含むささやかではあるが興味深い事実を、いくつか発見することができた。

たとえば、都市生活において教区 cappella が占めている重要性の問題がある。cappella は単なる礼拝堂ではなく、一定の区画を有する教会行政上の小単位であり、ピサのサンタ・マリア大聖堂が統轄する都市洗礼区の下部単位であった。それだけでなく、教区の信徒団体は住民の共同体であって、代表者、評議員、出納役を持ち、必要な時には住民集会を開き、税の徴収にあたるなどの行政的機能をも果たしていた。このような信徒＝住民団体としての教区は、一四世紀のピサでは少なくとも八三は存在した。ピサの市壁で囲まれた都市域は、アルノ川の北岸・南岸を合わせて約一八五ヘクタールであったから、単純に計算すれば、一つの教区の範囲は約二・二ヘクタールとなる。しかし、市壁内の全域に家が建てられていたわけではなく、周辺部には多くの空地が残されていたから、教区の範囲も狭く、中心部では一ヘクタール程度ではなかったかと思われる。

一三三六年七月、アルノ川の南岸にあるサンタ・マリア・マッダレーナ教区の四人の評議員は、七月から翌年一月までの教区共同体の費用をまかなうために、住民に独自の課税を行うことを決定した。ところで、当時の直接税は各戸（戸主）に割当てられている課税基準額（リラという単位で表示される）に従って課されていたが、ピサでは一三二九年以来課税基準額の改定が行われていなかった。そのため、そのリストに記載されていない住民が多数存在していたので、四名の評議員は改めて調査を行って一二四名（二人一組のものが三組あるので、一二一戸）について当座の税額を決定した。税額は最高三リラ、最低が一ソルド六デナーロで、最高と最低の比率は四〇対一になる。つまり、この臨時税もある程度の支払い能力の評価を伴なっていたのである。

このリストを検討してみると、デル・アニェッロのようにこの地域の有力者の家に属するものもいるが、労働者、荷かつぎ人足、売り子など社会の下層に属するものも少なくない。つまり、この一二四名の中には、一三二九年以来七年の間に他から移ってきた者や成年に達して負担義務を課されるようになった者もいたであろうが、多くの者は、これまでも課税基準額に基づいた全都市レヴェルの直接税徴収の対象から除外されていた者と考えるべきであろう。要するに、課税基準額の査定を受け、通常の直接税を支払っていたのは、実際には、一定の資産を有する市民であった。特別の資産も持たず流動性も高い下層民については、必要があるたびに教区レヴェルでの当座の徴税が行われていたと思われる。したがって、都市財政にとって、間接税がつねに重要な財源だったのである。

ところで、このような教区共同体の運営がいかに行われていたかを見ると、ごく少数の有力者による支配が貫ぬかれていたという印象を受ける。公証人文書を見ると、時に教区共同体の住民集会についての記録が残されている場合がある。たとえば、住民たちは、少なくとも年に二回、教区教会の鐘を合図に集まり、共同体の役人の選出を行うことになっていた。ところが、実際にこのような集会が開かれたとしても、実際の参加者は十数人から二十数人にすぎなかった。公証人は、これらを「多数の優れた」人びとと呼んでいるが、実際には決して多数でなく、教区住民のうちのごく一部にすぎなかった。前述の臨時課税の対象となった人数と較べても、これがいかに少数者であるかを理解することができよう。つまり、教区共同体の実質的なメンバーをなしていたのは、有力な商人・金融業者、公証人、あるいは一部の職人などであったらしい。教区共同体は信徒＝住民全体の地縁的共同体であるはずだが、実際には一部の有力市民層によって運営されていたのである。都市全体についても、教区のレヴェルにおいても、理念における平等と現実における少数者支配とが共存していたといってもよいであろう。

イタリアの中世都市を市民構成の面から見ると、あたかもいくつかの同心円から成っているかのように思える。中心に完全な権利を有し、実質的に都市政治を左右している「真の市民」がいる。その外側に課税基準額に従って都市に直接税を納付している市民がおり、さらに外側には、課税基準額は持っていないが、一応、教区共同体のメンバーとして認められ、教区レヴェルの臨時税を課される人びとがいる。ここまでが共同体のメンバーとしての「市民」といいうるであろう。さらにその外側に、きわめて流動的であるが故にまだ教区共同体のメンバーとは認められない傭兵、下層労働者、放浪者などがいた。その他に、他都市からやってきた「外国人」商人や職人、それにユダヤ人など、経済的には富裕であっても別個の共同体に属している人びとが数多く存在した。有力な都市であればあるほど、このような「外国人」を多くひきつけようとし、都市内での職業活動を保護していたのである。つまり、かれら「外国人」も都市経済の不可欠な部分を構成していたということができよう。

このように、中世都市は、多くの同心円からなる複合的な構造を持っていた。しかも、それぞれの円の境界は決して明瞭なものではなく、むしろルーズであった。それ故に、市民という概念も複雑かつ重層的なものであって、都市法がそれを明確に規定するという事もなかったし、また、実際上不可能だったのである。

# V 中世末期イタリアにおける職人・労働者の移動

1470年頃のフェッラーラの農民の仕事

# 一

中世のヨーロッパ世界が、かつて一般に想像されていたような固定的・安定的な社会ではなく、きわめて流動性に富むものであったことは、近年ようやく認識されるようになってきている。(1) しかも、その流動性が社会のある特定の階層だけに限定されたものではないことは大いに注目されてしかるべきであろう。たとえば、遠隔地商人や一部の職人が都市や市場を回り歩いて商売をする一方で、飛脚、遊芸人、牧羊者、あるいはジプシーなど、旅が生活そのものになっている人びとが多数存在した。それだけでなく、農奴として土地に縛りつけられたままで、一生を終えると考えられてきた農民すら、しばしば移動したのである。とくに、中世における商業的先進地域であったイタリアでは、社会における都市と商業の比重が相対的に大きく、農村社会もそれに大きく影響されていたことが推測される。これは、土地所有者や農民に対する外部からの刺激が大きかったことを意味している。つまり、かれらの世界は決して閉ざされた安定的なものではなかったのである。

ヨハン・プレスネルは、一三世紀フィレンツェにおける農村から都市への移住の問題を扱った有名な論文において、フィレンツェ南方の二つの集落、ジョゴリ（ポルタ・ロマーナから約七キロ）とパッシニャーノ（同じく約二八キロ）を取上げ、村落秩序の上層部に位置するものが一三世紀中にあいついで都市へ移住して行ったこと、しかもかれらは出身地とのつながりを放棄するのではなく、不在地主として村の生活に影響力を行使し続けたことを指摘した。[2]

私自身もこのプレスネルの研究に導かれて農村から都市への移住の問題について若干の検討を行ったことがある。[3] その結果、かれの研究がきわめてオリジナルなものであり、今日なお重要な意味を持ち続けていることを認めながらも、基本的な一点で修正の必要があるという結論に達した。プレスネルは、都市に移住した村落の上層部の多くが昔からの土地所有者層であるとし、かれらの都市への「平行移動」を考えている。「都市による農村の征服は、実は農村による都市の征服であった」という言葉は、まさにこのような見解を示したものである。しかし、やや立入って検討すると、これらの土地所有者の多くが実は成上りものであったことに気がつく。たとえば、一五世紀初頭のフィレンツェで市民政治家として活躍したラーポ・ニッコリーニ・デ・シリガッティも、わずか五代前（一三世紀前半）にさかのぼると、パッシニャーノ修道院の従属農民の家の出であった。[4] このこと自体はすでにプレスネルの認めるところであるが、その意味についてかれはとくに述べようとはしていない。しかし、プレスネルが提示した史料、ならびにエリオ・コンティが同じパッシニャーノ修道院領について整理した史料は、この時代に農村社会の構造が大きく変化しつつあったことを示している。[5] パッシニャーノ修道院のような領主の支配力が衰え、かつての従属農民の一部は事実上の地主に転化していた。その反面で土地保有権を失ない、小作人に転落する者も現われた。要するに農民層の地主・小作人への分解が進行し、それにともなって折半小作制mezzadriaが普及するということになり、こうして上昇した地主層が土地を維持したまま都市へと移住していったわけである。

ところで折半小作制の成立はたんに地代形態の変化を意味するものではない。典型的な折半小作制は、それまでの細分された耕地を整理して一〇～一二ヘクタール程度の一円的な農場podereを形成するものであった。その結果、一部の農民はそれまで耕作してきた保有地を失なっただけでなく、小作人としてそこにとどまることが不可能となってしまった。コンティの示すところによれば、パッシニャーノ修道院領のように折半小作制が成立した地域においては、農民戸数の減少が見られるのである⑥。つまり一部の農民は村を追われ、他へと移動することを余儀なくされたわけである。かれらがどこへ移動したかを知ることは、史料的制約があって実際上きわめて困難である。おそらく一部は近くの農村へ移動し、他の一部は都市に吸収されたのであろう。さらに折半小作制が定着してしまったとしても、農民の移動がそれによって終るわけではない。その契約は永代ではなく期限のあるものなので、小作人が止むを得ず、あるいは自ら進んで他の土地へ移動する可能性がつねに存在した。プレスネルは地主層の都市への移動を強調したが、貧しい農民たちもしばしば生活のために他の土地へと移動しなければならなかったのである。かれらが都市の職人・労働者層の重要な補給源になっていたと考えることは、見当外れではないであろう。[7]

## 二

一四六二年八月、シエナの評議会は一つの提案を可決した。東側のサン・フランチェスコ教会を中心とする地区を囲い込むための新しい城壁を建造するにあたって費用の捻出に苦慮した都市政府は、外国人労働者に課税することを決定したのである。この税については、最近ジュリアーノ・ピントが興味深い研究を発表しているので、それを簡単に紹介し、冒頭に述べた問題について考えてみたい。[8]

この税の対象になったのは、シエナ領に働きに来ている「すべてのロンバルディア人およびその他の外国人」で、次のような人びとであった。「石工、その下働き manovali、錠前屋、金だらい作り catinai、木挽き、畑の掘りおこし・溝作り・ぶどう畑の労働者 lavoratori di scassati, di fosse o di vigne、れんが・石灰・あるいはその他の窯作業に従事する労働者 fornaciai、石切り工 scarpellinatori、大理石や石の採掘人 cavatori di marmi o di pietre」。かれらは、仕事を始めるまえに、市壁建設の会計役に年額二リラの税を払わなければならない。ただし、石工の下働きと畑の掘りおこし・溝作りなどの労働者の場合は一リラ一二ソルドの税を払う。規定の税額を支払うと会計役は領収書を交付するが、これが一種の労働許可証のような機能を持つことになる。これを持たずに働いた者は一〇リラの罰金が科されることになっていた。

翌年の六月、財政収入増大のために徴税対象はさらにほかの職種の職人・労働者に拡大された。「桶屋、木箱作り barlettari e quegli che fanno goffani」、「刃物工、ひしゃく作り scudellari e che fanno tagli, mestole e mestolini」などは二リラ、「綱作り funari」、「豚の去勢人 castraporcelli」、「絹織物職人 setari」、「くし作り pettinari」、「炭焼き carbonari」などは二〇ソルドの税を払うことになった。この決定に基づいて実際に徴税を行った際の帳簿が幸いに今日まで伝えられている。しかも、そこには一九二七人の外国人職人ないし労働者の名前と職業、出身地などが記されているのである。この一九二七人が一五世紀中葉のシエナとその領域で働いていたすべての外国人ではなく、その一部にすぎなかったと思われるが、それでもなお、この史料によって全体的な状況を推測することはできるであろう。

**表I**は、職種別の人数を示したものである。まず注目されるのは、(1)〜(5)の建築関係の職人・労働者が多いことである。合計一一二八人、全体の五八・五%を占めている。次に多いのが「畑の掘りおこし、溝作り、ぶどう畑の労働者」で、三二・三%を占める。かれらは農業労働者として働いたと思われるが、その他に建築現場の土工として仕事をしたかもしれない。その他の職種はきわめて少数である。やや意外なのは、フィレンツェにおいて見られる

| 職　　種 | 人数 | % |
|---|---|---|
| (1) 石工 | 315 | 16.3 |
| (2) 石工の下働き | 665 | 34.5 |
| (3) 窯工 | 71 | 3.7 |
| (4) 石切り工 | 44 | 2.3 |
| (5) 石の採掘工 | 33 | 1.7 |
| (6) 畑の掘りおこし、溝作り、ぶどう畑の労働者 | 623 | 32.3 |
| (7) 錠前屋 | 31 | 1.6 |
| (8) 金だらい作り | 25 | 1.3 |
| (9) mortinai（?） | 25 | 1.3 |
| (10) 木挽きなど | 40 | 2.1 |
| (11) その他 | 23 | 1.2 |
| (12) 不明 | 32 | 1.7 |

**表Ⅰ　外国人労働者の数と職**（Siena, 1463）　Pinto, *La Toscana nel tardo Medioevo,* p.430.

ような織物工業の職人がいないことである。これは、一つには、この時代のシエナが織物工業の前線に立って活動するというような状況になかったためであろうし、又一つには、この税が短期間の仕事をしながら移動する労働者に課されたものであり、都市内で多少とも定着して働いている労働者は対象外だったためでもあろう[9]。この表に現われているのは、ほとんどが日傭いの、あるいは短期間の賃仕事を行う労働者だったのである。

　次に注目されるのはかれらの出身地である。しかし、この帳簿では労働者の出身地が秩序だった形で記載されているわけではない。第一にlombardoという一般的な形容詞がつけられている名前がある。中世ではLombardiaという名で呼ばれる地域は今日よりはるかに広く、北はアルプスの山間部からエミリアに至る範囲を示していたことが知られている。したがってlombardoといっても実際は北イタリアの出身者という程度の意味に理解しておく必要があろう。第二に、数の上ではるかに多いが、都市名あるいはそれに由来する形容詞がつけられている人びとがいる。Bologna, Piacentino, Bergamo, Bresciano, contado di Milano, montagna di Parmaなどがその例である。第三に、Mugello, Lunigianaなどの純然たる地名が付されている場合がある。最後にあまり知られていない集落の名で呼ばれている人びとがいる。これらの集落は各地に同名なものがあることが少なくないので、地名の比定には大きな困難がともなう。それでも、全体として出身地が分からないのは、建築関係労働者の場合約一四%、農業関係労働者の場合約一〇%であるとピントは述べている。

まず、もっとも数の多い建築関係労働者についてみると、圧倒的多数がマッジョーレ湖、ルガーノ湖、コモ湖の周辺、およびヴァルテッリーナ（コモ湖の上流地帯）など、アルプスの南麓の出身者である。とくに石工（親方）の場合には全体の八二・八%、その下働きの場合七〇・五%、窯の労働者では六九%がこの地方の出身である。コモの石工maestri Comaciniは古くランゴバルド時代の七世紀中葉から有名で、イタリア半島の各地で活躍していたことは広く知られている。かれらは高い評価を持つ職業集団を形成し、都市国家が確立しアルテ（ギルド）の排他性が次第に増大する中にあって、なお強い競争力を持ち続けていた。一五世紀フィレンツェの都市法にはいぜんとしてかれらについての規定が見られるという。イタリア以外の出身者としては、フランス人、ドイツ人、スペイン人が合計八名いるだけである。

このように、建築関係労働者には北イタリア出身者がきわめて多いのであるが、石切り工や石の採掘工についてはやや事情が異なっている。石切り工の場合にはアルプスの南麓地域の出身者が五名で全体四四名の一一・三%であるのに対し、トスカーナ出身者が三三名で七五%を占め、圧倒的に優位に立っている。石の採掘工の場合には、出身地が示されていないものが一四名、四二・八%となっており、あまり目立った傾向はないが、アルプス南麓地域の出身者四名、一二・一%に対してトスカーナの出身者は六名で一八・二%と一番数が多くなっている。興味深いのは、石切り工、石の採掘工ともにフィエーゾレ、セッティニャーノ、ピエトラサンタ、カッラーラという有名な大理石の産地から来ているということである。このような産地で自然に職人の伝統が形成されたのであろう。

一方、「畑の掘りおこし、溝作り、ぶどう畑の労働者」の場合はだいぶ様子が違っている。かれらは、農業労働にも、また建築工事の下働きにも従事していたと思われるが、大部分がアペニン山脈周辺部の出身である。とくにパルマ周辺から二二七名、三六・四%、レッジョの周辺から四九名、七・九%、さらにルニジャーナから六〇名、九・六%が来ている。また lombardi と記載されたのが一〇四名、一六・七%がいる。ピントは、これもポー川の平原の出身ではなく、大部分がアペニンの山の中から来たのではないかと推測している。そのほかにガルファニャーナ、ムジェッロ、カセンティーノなど、トスカーナの山地から来たものもいる。おそらく、かれらは山間部の村の貧しい農民の出であったと思われる。なお、「農業労働者 lavoratori de terre」と記されているものが五名いるが、二名はピアチェンツァ、その他ルニジャーナ、オルヴィエトなどの出身であった。これらも多くは山間部出であったことだろう。

その他の職種は人数も多くない。ただ、いくつかの職については出身地が集中していることが注目される。たとえば「木挽き」などの木材関係の労働者は、大部分が中部アペニンのスポレート、カーシャ、ヴィッソ、アマトリーチェから来ている。この地方は木の多いことで知られており、伝統的な職業グループを形成してたえず移動しながら生活の資を得ていたのであろう。「錠前屋」は大部分ベルガモの周辺から出ている。「金だらい作り」、「ひしゃく作り」なども同様である。ベルガモ・アルプスの谷で冶金やそれに関連する手工業が盛んだったと思われる。「綱作り」や「くし作り」はすべてフォリーニョの出身であった。

以上の検討をふまえてピントは図を作成した。すでに述べたように帳簿の上ですべての職人・労働者の出身地が明確に示されているわけでもないし、記述の仕方も統一を欠いているので、出来上った地図もすっきりとしていないうらみがあるが、それでも全体の傾向は十分に示しているといえよう。

かれらの出身地は、まずマッジョーレ湖、ルガーノ湖、コモ湖の周辺などアルプス南麓の地域があり、さらにパルマ、レッジョからアペニンに沿ってイタリア半島を縦断してウンブリア、マルケに及んでいる。さらにアプアーナ・アルプスに抱かれたルニジャーナが一つの中心をなしている。いわば、イタリア半島の骨格ともいうべき山岳地帯がかれらの主たる出身地なのである。それらの地域からマレンマの低湿地をひかえたシエナへと人びとが移動しているということになる。「石工」その他の建築関係の職人や、「木挽き」、「錠前屋」などの金属関係の職人は、おそらく伝統的な職能グループを作ってしばらくの間シエナ領で働き、また別の地域へと移って行った。仕事の有無に関する情報もかれらは仲間を通じて得ることがで

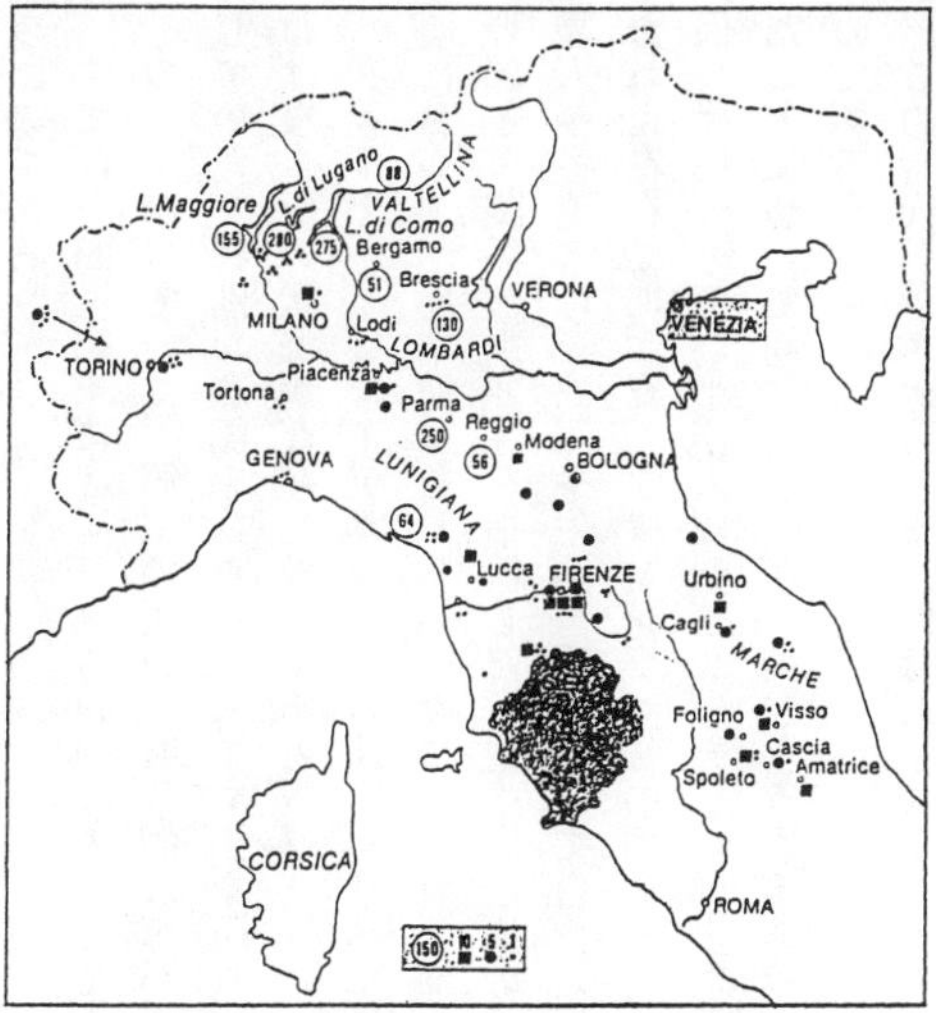


図　外国人労働者の出身地（Siena, 1463）

きたのであろう。

すでに一四世紀末には、これらの地域の一部で人口増大による圧力が山の人びとの肩に重くのしかかっていた。[10] 領主の圧迫や財政的収奪がこれに加わり、所によって農民の反乱が生じていた。[11] 特別な職能を持たない人でも山を下り、建築現場の土工や農業労働者として働かねばならない状況が存在したのであろう。

フェルナン・ブローデルは、その『フェリペ二世時代における地中海と地中海世界』の冒頭において、地中海はむしろ「山々に囲まれた海」であると述べ、山岳地帯と海ならびに平野部との関係の重要性を指摘した。[12] 地中海沿岸の多くの人びとにとって、山からやってくる職人や労働者は、衣服や生活習慣において自分たちとは異なったものであるとしてもごく見なれた存在であった。[13] フィレンツェ領の周辺農村地域で村落秩序の再編が進みかつての土地保有農民の一部が小作人に転落し、あるいは土地をすてて他へと移動しなければならなかったことについて前に述べたが、同じような事態は、おそらくはるかに広い範囲で生じていたのであろう。

この時代、シエナの都市人口はおそらく一万五〇〇〇ないし一万六〇〇〇、周辺領域全体を含めてやっと八万という数に達するものであった。[14] したがって、この税によって捕捉された一九二七人という数は、都市経済にとって決して無視できるものではなかったのである。

## 三

以上で見たような労働力の移動はすでに古くから存在したと思われるが、史料的制約が大きくまだ十分に研究されていない[15]。一五世紀シエナの場合は、外国人労働者に対する特別課税が行われ、その帳簿が残存しているという特殊な恵まれた例なのである。しかし、直接的な史料でなくても、このような状況を暗示する史料は数多く存在している。次にその中から一つの例をあげておくことにしたい。

一三五九年、フィレンツェの有力市民ヤコポ・ディ・フランチェスコ・デル・ベーネは従属都市プラートの司政官（ポデスタ）として赴任した。その際にかれは一冊の帳簿を携え、それに日々の支出を詳細に記入した。このような支出明細帳はほかにも多いが、この帳簿をとくに貴重なものとしているのは、司政官の部下に対する給与の支

| 職種 | 人数 | 月給 |
|---|---|---|
| (1) 裁判官 | 1 | ℓ.33 s.10 |
| (2) 騎士 | 3 | 〜ℓ.13 s.8 |
| (3) 公証人 | 2 | ℓ.6 s.14 |
| (4) 従者 | 3 | ℓ.2 s.11 d.10 〜ℓ.2 s.15 d.10 |
| (5) 指揮官 | 1 | ℓ.7 s.5 d.2 |
| (6) 歩兵 | 20 | ℓ.2〜ℓ.3 |
| (7) 馬丁 | 3 | ℓ.2〜ℓ.2 s.10 |
| (8) 騎士の従者 | 1 | ℓ.1 s.10 |
| (9) 指揮官の従者 | 1 | ℓ.2 s.5 |
| (10) 食料係 | 1 | ℓ.3 |
| (11) コック | 4 | ℓ.3〜ℓ.4 s.10 |

表II　ヤコポ・デル・ベーネの部下（Prato, 1359）

払いが細かく記録されていることである。この記録は司政官の手足として働いたスタッフの存在形態について、ささやかながら興味深い事実を提示してくれるのである。(16)

ヤコポ・デル・べーネの任期は一三五九年二月一日から七月末までの六ヵ月であった。この間にかれが傭い入れた部下は総計四〇名にのぼった。司政官の給与としてかれが任地プラートのコムーネから得るのは二四〇〇リラであり、この中から部下の給与も支払われた。**表II**は部下の職種と給与についてまとめたものである。給与は月給をリラ・ソルドで表示した。ただし、最初の裁判官から五番目の指揮官までは月給ではなく、六ヵ月間の給与がフィオリーノ金貨で帳簿に記載されている。ここでは比較の便宜のために、一フィオリーノを六七ソルドとして換算し（これは帳簿で用いられている換算率である）、さらにそれを六で割った価を示しておいた。六番目の歩兵から最後のコックまでは月給制となっているが、帳簿の記載から見ると実際には厳密な日割り計算が行われている。このように給与の支給方法が異なることは、両者の間に機能の違いがあることを予想させる。ここではそれぞれを第一グループ、第二グループと呼ぶことにしたい。第一グループは三三リラの月給相当額を得る裁判官から二リラ一一ソルドの従者にいたる一〇名である。ただし、騎士（コンパーニョ）の給与の支払いも記録されていないので、ヤコポ・デル・べーネの任期が満了する直前の七月に就任したことになっており、給一人はヤコポ・デル・べーネの任期が満了する直前の七月に就任したかどうか分からない。この第一グループの中では従者の給与だけがとくに低いが、それを除けば、公証人の六リラ一四ソルドが最低である。[17]それに対して、第二グループに属するものは、四リラ一〇ソルドのコックを筆頭にして、多くは二〜三リラという低額の給与しか得ていなかった。つまり、従者を例外とすれば、二つのグループの間には給与の支払方法だけでなく、絶対額においても格差が存在したのである。

このような給与は、当時の一般的な水準から見てもきわめて低いものである。ブラッカーは、都市コムーネに雇傭されているものの中でも最下級に属する衛士や使い走りの月給が一四世紀後半において五ないし八リラであったこと、刷毛工のような下級の職人の月収が一〇リラ程度と推測されると述べている。[18]また、ドゥ・ラ・ロンシェールは、一三七五〜七八年にフィレンツェの大聖堂の工事に働いた石工の日給は平均一四ソルド強、下働きの労働者の日給は九ソルドであるとしている。[19]もし一ヵ月に二五日の労働が可能であるとすると、前者の月収は一七リラ強、後者は一一リラ強ということになろう。これらと較べても、ヤコポ・デル・ベーネが部下に支払った給与はいちじるしく低い。ただし、この場合、部下に食事が供されている可能性があるので、単純に数字だけを比較することはできないかも知れない。

第二グループのメンバーについて、給与の低さと共に注目されるのは、そのひんぱんな移動である。第一グループについては、騎士の一人が六月中旬に辞任し、他の一人が四ヵ月間勤務したこと、さらに一人が任期満了直前の七月に就任したと記載されていることを除けば、メンバーの交代は見られない。かれらはヤコポ・デル・ベーネを中心とするまとまった団体を構成していたといってよいであろう。従者も給与の面では第二グループのメンバーと同じであるが、ヤコポの直属の部下としてこの第一グループの一員だったのであろう。一方、第二グループの方はいたって不安定である。就任の約束をしたにもかかわらず結局就任しなかったものが三名、数日間だけ勤務したものが五名、一、二ヵ月の勤務を行ったものが七名おり、このグループの全員三〇名のうち全期間を通じて勤務したのは半数の一五名にすぎなかった。結局、この第二グループはプラート着任直後の短い時期を除けば、一六、七名にすぎなかったのである。

本稿の課題と関連して興味深いのは、これらの部下の出身地である。この三〇名の部下のうち二四名の名前には、出身地と思われる地名がつけられている。まず第一グループを見ると、一〇名のメンバーのうち二名については地名がついていない。しかし、騎士の一人はフィレンツェのSerragli家の出身者であるので、実際上は九名について出身地を推測することができる。それをまとめたのが**表Ⅲ**である。それから明らかなように、九名のうち一名を除いて他はすべてフィレンツェの都市、コンタード、ディストレットの出身であり、その他の一名もポッピの出身である。フィレンツェの東方約四〇キロのポッピは、コンティ・グイディの居城のある所として知られ、一五世紀中葉まで独立の所領をなしていたが、実際にはフィレンツェの影響が強い所であった。つまり、第一グループのメンバーは、フィレンツェの領土ないしその影響下にあった土地の出身者と考えられるのである。

これに対して、第二グループのメンバーははるかに広い範囲の土地から集まっている。その状況を示したのが表Ⅳである。出身地不明な四名を除く二六名のうち、フィレンツェ出身者は四名、そのコンタードは三名で、全体の四分の一を占めるにすぎない。その他は、北はパルマ、モデナから南はアンコーナまで、中・北部イタリアの広い範囲の人びとがいる。とくに、ペルージャ、オルヴィエトなど、ウンブリアの人びとが九名を占めていることが注目される。かれらは、第一グループの場合とはちがって、フィレンツェ固有の勢力圏から集まってきたわけではないのである。

| | | |
|---|---|---|
| フィレンツェ | 3名 | |
| コンタード（周辺領域） | 1名 | エンポリ |
| ディストレット（属領） | 4名 | モンテカティーニ3、モンテヴェットリーノ |
| トスカーナ | 1名 | ポッピ |
| 不　明 | 1名 | |
| 合　計 | 10名 | |

表Ⅲ　ヤコポ・デル・ベーネの部下（第1グループ）の出身地

| | | |
|---|---|---|
| フィレンツェ | 4名 | |
| コンタード（周辺領域） | 3名 | フィリーネ、モシャーノ、サン・ピエロ・ア・シェーヴェ |
| トスカーナ | 4名 | アレッツォ、ルッカ、マッサ・ディ・マレンマ、モンテプルチャーノ |
| エミリア | 4名 | パルマ、モデナ、ボローニャ2 |
| ロマーニャ | 1名 | サンタ・フィオーン・ディ・ロマーニャ |
| ウンブリア | 9名 | ペルージャ2、スポレート、モンテルーコ、モナルニ、オルヴィエト2、チッタ・ディ・カステッロ、グッビオ |
| マルケ | 1名 | アンコーナ |
| 不　明 | 4名 | |
| 合　計 | 30名 | |

表Ⅳ　ヤコポ・デル・ベーネの部下（第2グループ）の出身地

このような地名が実際に出身地を示しているかどうかについては一部に懐疑的な意見があり、議論の的になっている。しかし、全体的に見ると、「da, di ＋地名」の形をとっている場合には、その地名が出身地を示す可能性が高いと考えられている。Da Panzano, Da Uzzano, Dell'Antellaなどのような有力な家系の場合には、地名が姓となっており、場合によってはその土地とのつながりが希薄になっていることもありうる。それに対して、中・下層の人びとの場合にはこのような地名がまさに出身地を示す例が多いとされている。[20] ともかく、この第二グループのメンバーは、多く中・北部イタリアの各地から流れこんで来た人びとであることが推察されるわけである。

かれらは特別な技術を持つ熟練労働者ではなかった。すでに見たように、かれらの給与はきわめて低く、転々として職を変える不安定な存在であった。むしろ都市の従属的下層労働者に連なる存在として理解されるべきであろう。ブラッカーは、アルテ組織に加入できなかった都市下層民をポポロ・ミヌートの名称のもとに一括してとらえ、それを便宜上四つのグループに分けている。㈠梳毛工、打毛工などの毛織物工業の下層労働者。㈡石工、大工、金属細工などの職人、徒弟。㈢召使、馬丁、行商人、漁師など。㈣乞食、浮浪者、売春婦、犯罪者など。このような下層民の中には人夫、従者、守衛、コック、市場の売り子などが含まれていた。またかれらは熟練を必要としない仕事についていたため、次々に職をかえる傾向があったこともブラッカーは指摘している。[21] ヤコポ・ベーネの部下のうちの第二グループに属する人びとは、まさにこのような下層民にほかならなかった。そしてまた、一世紀後のシエナにおいて財政当局によって捕捉された外国人労働者のうちのかなりのものが、このカテゴリーに属していた。

中世末期のイタリア都市において、このように広範囲にわたる労働者の移動が存在したことは、われわれの注目をひく事実である[22]。都市国家の社会構造と文化の在り方を理解するためには、従来考えられてきたよりも広い範囲の地域関連の中で問題を考える必要があると思われる。本稿はその準備作業としての一つのささやかなノートである。

**註**

（1）阿部謹也『中世を旅する人びと――ヨーロッパ庶民生活点描』平凡社、一九七八年。

（2）J. Plesner, *L'émigration de la campagne à la ville libre de Florence au XIII^e siècle*, Copenhagen 1934 (Traduzione italiana, Firenze 1979).

（3）清水『イタリア中世都市国家研究』岩波書店、一九七五年、とくに第三章「イタリア中世都市の領域支配」。

（4）Chr. Bec, *Il libro degli affari proprii di casa de Lapo di Giovanni Niccolini de' Sirigatti. Édition critique et commentée*, Paris 1969; G. Niccolini di Camugliano, *The Chronicles of a Florentine Family 1200–1470*, London 1933.

（5）E. Conti, *La formazione della struttura agraria moderna nel Contado fiorentino*, I, Roma 1965, p.295 ss.

（6） *Ibid.*, pp.323–335.

（7） Ch.-M. de La Roncière, *Prix et salaires à Florence au XIV$^{e}$ siècle 1280–1380*, Rome 1982, pp.661–80. はその最初の試みの一つである。

（8） G. Pinto, L'immigrazione di manodopera nel territorio senese alla metà del Quattrocento, *La Toscana nel tardo Medioevo. Ambiente, economia rurale, società*, Firenze 1982, pp.421–49.

（9） *Ibid.*, p.431, n.39.

（10） *Ibid.*, p.438.

（11） P. S. Leicht, *Operai, artigiani, agricoltori in Italia dal secolo VI al XVI*, Milano 1959, pp.193–4.

（12） F. Braudel, *The Mediterranean and the Mediterranean World in the Age of Philip II*, Translated from the French by S. Reynolds, vol. I, New York 1972, p.25.

（13） *Ibid.*, pp.45–51.

（14） Pinto, *op. cit.*, pp.447–8.

（15） 前にあげた de La Roncière の研究の他に「結婚契約」の分析を通じてフィレンツェの社会構造を検討しようとする次の文献がある。S. K. Cohn, Jr., *The Laboring Classes in Renaissance Florence*, New York 1980. しかし「結婚契約」という史料上の制約のために網羅的な研究となっているとはいいがたい。著者は一四世紀と一五世紀を較べれば、後者において遠隔地からの移住がはるかに多くなっていることを指摘しているが、この移住現象を社会の階層構造との関連でとらえることには成功していない。とくに都市に定着せずに各地を移動する労働者を「結婚契約」から把握することは不可能である。カタスト文書の大量処理を行ったD. Herlihy et Chr. Klapisch, *Les Toscans et leurs familles. Une étude du catasto florentin de 1427*, Paris 1978, pp.301–325. についても同様のことがいいうるであろう。カタストはフィレンツェ領に定着している人びとだけに課されたからである。

(16) この史料については「中世後期イタリアにおける都市国家の膨張と市民――ヤコポ・デル・ベーネの会計簿」『ヨーロッパ――経済・社会・文化』（増田四郎先生古稀記念論集）創文社、一九七九年において一応の整理を行った。

(17) ただし、公証人は文書作成の度に手数料を受領したはずであるので、実際の収入はより高かったと思われる。

(18) G. A. Brucker, The Ciompi Revolution, *Florentine Studies. Politics and Society in Renaissance Florence*, Edited by N. Rubinstein, London 1968, p.324, n.2.

(19) de La Roncière, *op. cit.*, pp.286, 287, 330.

(20) Herlihy et Klapisch, *op. cit.*, p.302; Cohn, Jr., *op. cit.*, p.96.

(21) Brucker, The Florentine Popolo Minuto and its Political Role, 1340–1450, *Violence and Civil Disorder in Italian Cities, 1200–1500*, Edited by L. Martines, Los Angeles 1972; 楠博「十四世紀後半のフィレンツェにおけるポポロ・ミヌート」『専修史学』一〇（一九七八年）。

(22) 一四二七年のカタストによれば、フィレンツェ市内には八七戸の「ドイツ人」、二四戸の「フランス人」、「プロヴァンス人」、「スペイン人」などがいた。「ドイツ人」はとくに多く、コンタードやディストレットを含めれば一三八戸となる。かれらは一時的な滞在者ではなく、永く定着している人びとである。とくに「ドイツ人」は織物工業の労働者として著名であった。Herlihy et Klapisch, *op. cit.*, pp.311–2.

# VI　中世末期イタリアにおける公証人の活動

15世紀の高利貸し

中世末期以降、都市といわず、農村といわず、イタリアのあらゆる土地において活発な活動を展開し、今日まで膨大な文書の堆積を残している公証人 notaio, notaro, notarius の存在形態については、早くからその重要性が指摘されているにもかかわらず、今なお、十分な研究が行われているとはいいがたい。私は、元来、社会史的な見地からイタリア中世都市の構造を研究しているものであるが、その過程でいわゆる公証人文書を検討する必要に迫られ、その史料的価値を吟味しなければならなくなった。そのためには、調査の範囲を拡大し、さらに公証人の存在形態そのものについても、一応の理解を得ねばならなくなったのである。ここでは、その成果をごく簡単に要約し、先学諸氏の御教示を仰ぎたいと思う(1)。とくに、私の出発点は社会史であり、「公証法学」というよりは「法学」そのものについて素人であるので、思わぬ誤りをおかしているかとも考える。御批判を戴くことを期待するゆえんである。

本文に入る前に、さしあたり二つの限定を行っておきたいと思う。まず、イタリア中世ないし近世の公証人を、それだけ独立させて論ずることが可能であるかという問題がある。この問題は、むしろ、「ラテン系公証人」というもっと広いコンテキストの中で検討されるべきものかも知れない。しかし、実務的なレヴェルはいざ知らず、これまで、そのような視野の広い歴史的研究が行われているとは思えない。あくまでも将来の課題ということになるのではないだろうか。第二の問題は、公証人制度の成立の歴史であるが、これもまた、古代ローマ法世界と中世世界との連続性いかんという巨大なテーマに関わる難問であって、現在の私には立入って論ずるだけの準備がない(2)。ここでは、私の調査の結果を要約して紹介するにとどめ、一三、四世紀のトスカーナ地方、とくにフィレンツェ、ピサにおける公証人の活動について述べることにしたいと思う。

## 一　公証人文書

中世末以降の公証人文書は、一般に次の三つのカテゴリーに分けて理解される(3)。

(一)　scheda, schedula

公証人がまず作成するメモであって、公証力を有さない。紙片あるいは紙背に書かれる。個人的メモであるため、内容が摘記されるにすぎないので、書体の乱雑さともあいまって、きわめて難解であり、しばしば解読不能である。証書作成後廃棄されるため、保存される例は多くない。

(二)　imbreviatura (protocollum, chartolarium)

公証人登録簿。実質的には公証原簿にあたる。内容についてはもちろん細部にわたり完全に記載されているが、法律的文言はしばしば省略されている。つまり、per esteso には記載されていない。略記法が、ラテン語の語尾変化のみならず、固有名詞などについても多用されているので、解読にはかなりの習練を要する。多数の紙を綴じた冊子の形をとっており、一般に年月日順に次々と「追い込み」で記載される。簡単な索引がほどこされている場合もある。

㈢　instrumentum (charta, pergamena)

前二者が紙に書かれているのに対して、これは、羊皮紙に書かれた正式の「公正証書」である。書体も全般に丁寧であり、保存状態にもよるが、比較的読みやすいといえるだろう。歴史的に見れば、この「証書」がもっとも古いものである。近代ヨーロッパにおける歴史学は、このような証書の真偽をめぐる研究の進展とともに歩んで来たといえよう。このことは、Jean Mabillon（一六三二〜一七〇七年）以降の文書学の歴史が示すところである。[4]ところで、このような証書は、およそ一一世紀中葉から、従来の口頭による証言にかわって、完全な公証能力を得るにいたったと考えられている。その反面、文言の修正ないし改ざんに対する警戒が増大したのも当然であろう。したがって、証書の解釈に問題が生じた際には、その下書 rough draft を提示する習慣もできあがったと考えられる。この下書ははじめは、証書用の羊皮紙の背面に記入されていたが、やがて、別の紙に書かれるようになる。これが一冊に綴じられて、㈡の登録簿に転化して行くのであるが、それは、だいたい、一二世紀初頭のことと推測されている。ところでこの時代は、イタリアにおける商業と都市のいちじるしい発展にともなって、公証人の業務も、大きく拡大した時期である。その結果、公証人たちは、一三世紀初頭になると、もはやすべてのケースについて正式の証書を作成する時間的余裕を失ってしまう。かれらは、下書を保存し、のちになって時間的余裕のできた時に、あるいは、特に争いが生じて証書が必要となった時に、はじめてそれに手を着けるのである。この過程で登録簿の重要性が増大し、やがて登録簿が基本的な公証力を持つという原則が確立する。もちろん、厳密にいえば、登録簿自体が証書にとって代ったわけではない。登録簿が法廷に提出されるのではなく、登録簿を基礎として作成された証書が提出されるのである。登録簿に記載されたある契約が廃棄された場合には、公証人は、登録簿の該当個所欄外に、その事実、日付、証人などについて記入する。ピサの一二八六年の都市条例（都市法）では、登録簿記載の契約が廃棄された場合には、それ以前に作成された証書は無効であると規定している。このように、かつての下書に由来する登録簿の地位が上昇し、基本的な公証力を有すると認定されるようになった結果、登録簿への記入は、きわめて重要な、公証人業務の中核ともなった。そのため、記入の前に下書を書く必要も生まれて来るわけで、㈠のメモができあがることになる。こうして、広義の公証人文書が、㈠メモ、㈡登録簿、㈢証書という三重の構造triplice redazioneを持つようになるのである。このような形態は、遅くとも一三世紀末までに確立したと考えて大過はないであろう。

## 二　公証人の称号

それでは、このような公証力の根拠はどこに求められるであろうか。この点で公証人の称号はきわめて示唆的である。当時の公証人の称号には、たとえば次のごときものがある。

㈠ notarius imperiali auctoritate（皇帝の権威による公証人）
㈡ domini imperatoris N. notarius（皇帝の某公証人）
㈢ notarius apostolice sedis（教皇座の公証人）
㈣ notarius sacri lateranensis palatii（聖ラテラン宮殿の公証人）

要するに、㈠と㈡は、公証人の資格が皇帝の権威に立脚していること、㈢と㈣は、ローマ教皇の権威に立脚していることを示している。中世の西ヨーロッパ世界においては、それ自体排他的・完結的な国家ないし公権力の概念は欠如している。西ヨーロッパ世界は、皇帝権と教皇権を二つの中心とするゆるやかな楕円のごとき統一体として存在していたのである。西ヨーロッパ世界の秩序を支えているのは、古代ローマ皇帝の後継者たる「皇帝」と神の代理者としての「教皇」なのである。われわれが問題としている公証人の称号自体が、まさにこの秩序観を反映しているといえるだろう。公証人は、秩序そのものの具現者である皇帝と教皇に直属しているがゆえに、公的な publicus 人間たり得るのである。もとより、これは理論のレヴェルの問題である。公証人が、つねに、また事実上、皇帝ないし教皇に直属していたというわけではない。本来公証人を任命する権利は、皇帝および教皇より委任を受けたもの（たとえば、伯）の特権であったと思われるが、われわれが、対象としているこの時代においては、都市の公証人ギルド Arte dei notai がその権利を掌握していた。それにもかかわらず、公証人たちは、自分たちの「公人」としての資格が皇帝および教皇に由来していることを忘れていなかったのである。

## 三　文書の保管

先に述べたように、一三世紀中に登録簿の重要性が確立した。その結果、公証人にとっては、登録簿が基本的な収入源となったので、相続や売買がさかんに行われた。相続人が公証人としての資格を持っていない場合には、他の公証人に登録簿の管理を委任することが行われた。しかし、これでは厳密な管理は行えないし、紛失・破損あるいは改ざんの危険がつねにつきまとうことになる。そのため、フィレンツェではすでに一四世紀初頭から「裁判官・公証人」ギルドがこの問題に介入し、登録簿の委任に関する監督権を獲得し、さらに登録簿の売買を禁止した。(5) そして、一三六三年以降は、ギルドの委員による登録簿の検査も行われた。しかし、いぜんとして登録簿は、一種の資産として私的に保管されていたのである。

この状態に大きな変化が生じたのは、トスカーナ大公国を建設したメディチ家のコシモ一世のときであった。一五六九年一二月一四日付の法令によって、トスカーナ大公国においては、登録簿の相続、他の公証人への委託はいっさい廃止され、すべての登録簿が公証人の死後集中的に管理されることになった。これが、フィレンツェの公証人文書館 Archivio Notarile の起源である。ところで、いわゆるラテン系諸国の各地域において、このような公証人文書館制度がいつ形成されたかを検討することは、大変興味深いことであるが、私自身はそれを実行するに至っていない。地域ごとに大きな差があったことは確かである。たとえば、ジェノヴァでは、驚くべきことにすでに一二世紀から死亡した公証人の登録簿が一括して保存される場所が存在したという(6)。たしかに、ジェノヴァは一一世紀末にさかのぼるきわめて古い登録簿が保存されていることで有名であるが、それも、このような「文書館」の存在によって可能であったといえるかも知れない。しかし、ジェノヴァの場合は、やはり特殊例で、一般的にははるかに後代のものではないだろうか。一例をあげれば、フランスでは一八世紀にはじめて公証人文書館が成立したが、登録簿は実際上公証人が保管し、相続していたのであって、一二五年以上経過した証書原本が国立・県立の文書館で保管されるようになったのは、実に一九二八年のことなのである(7)。

## 四　公証人の業務

今日イタリアにおいて保存されている最古の公証人文書は、すでに述べたように、一一世紀末にさかのぼるジェノヴァのものである。その記載内容を見ると、多種多様な商品取引における売買契約や会社（組合）societas maris, societas terre の設立に関するものが多い。しかしながら、商品取引に関する登録簿の記載は時とともに減少し、次第に商業帳簿 libro commerciale に移行する傾向を示す。一三世紀に入ると、イタリア諸都市の経済は急速な膨張を経験し、それに伴なって「記録」の必要性も増大したため、もはや公証人の能力を越えることになったのである。一方では、かつて文盲であった商人たちも、必要上文字の知識を獲得し、やがて自分の手で記録することが可能となる。商品の売買契約について、いちいち公証人のもとで記録することは、手続き上あまりに煩雑であり、費用がかさむ故に、少しずつ廃れて行ったわけである。それとともに、商業帳簿の証明力が増大し、裁判所もそれも認めるようになる。この転換は、およそ、一三世紀末に生じたと考えられている。やがて、一四世紀中に商業帳簿の記載方法が整備され、複式簿記が成立することになった。公証人の業務は、商業活動の最前線から後退し、不動産売買・賃借契約、金銭消費貸借契約、遺言、夫婦の財産契約などを中心とするようになる。公証人業務における伝統は、ほぼこの時期に形成されたと考えることができよう。

先年、私は、一四世紀中葉のピサで活動していた一公証人セル・シモーネ・グェッルッチョ・ダ・モンテヴァーゾ Ser Simone Guerruccio da Montevaso（以下、セル・シモーネと略記。なお、Ser は公証人の名前に付す敬称である）の登録簿について概観する機会を持った。[8] この公証人は、一三四四年二月から翌年の一月までの一年間に、六八件の契約および遺言（一件）を登録簿に記載した。この数は決して多いものではない。一四世紀のピサでは一ヵ月に七〇件を記載した例もあるので、セル・シモーネは活発な活動をしていた公証人の部類に入らない。依頼人の名前を見ても、ピサの一流市民の名は見られない。六八件の契約の中では、金銭貸借契約（一五件）、訴訟その他のための法的代理人の委任（一五件）、土地売買契約（七件）、家畜飼育契約（五件）、雇用契約（三件）、土地および家屋の賃借契約（二件）などが主なものである。これらは、いずれも金額的に高いものではない。たとえば、金銭貸借契約は、若干の例外を除き、ピサ貨二〇リラ以下に限られている。家畜飼育契約から、成長した馬の価格は約二〇リラ、牛は約一五リラと推定されるので、セル・シモーネは、比較的零細な金融に関係していたと思われる。雇用契約も、徒弟や作男といった庶民に関わるものである。たとえば、ピサ郊外のあるもの（たぶん農民）は、息子を五年間の契約でピサのパン焼職人のもとに徒弟に出した。給与は、年間わずかに五ソルド（四分の一リラ）、食事、衣服、靴は親方の負担であると定めている。

以上のように、セル・シモーネは、どちらかというと庶民相手の「代書」的性格を持つ公証人であったといえよう。登録簿の中には、かれが有力な公証人のもとで補助的な仕事をしていたと推定される表現も見いだされる。その年齢については不明であるが、あるいは見習い的な段階にあったのかも知れない。なお、これら六九件の記載事項のうち、九件について欄外にFの記号が記入されている。このFは、feci（私は作成した）あるいはfactum（作成された）の略と推定されており、つまり、のちに公正証書が作成されたことを示している。この九件を除く他の事項については、おそらく、のちに争いが生じなかったのであろう。

## 五　公証人の数

セル・シモーネの例に見られるように、公証人の業務は、庶民相手のレヴェルにまで拡大していたのであるから、公証人の数が多かったことも当然である。一二九三年のピサの公証人ギルドの帳簿によれば、二三二人の公証人がいた。同じころ、ジェノヴァでは約二〇〇人、フィレンツェでは約六〇〇人の公証人が活動していたと推定されている。当時のピサの人口は約四万、フィレンツェは九万と考えられる。ある研究者は、人口一五〇～一六〇人あたり一名の公証人がいたと述べているが、これは、まさに驚異的な数である。書かれた証拠によって自分の権利を保全し、紛争を未然に防ごうという思考方法が中世末のイタリア社会にいかに根強く定着していたかを示すものといえよう。

公証人ギルドへの加入申請の史料が、一三二七年のピサについて残っている。それによると、七一人の加入申請が行われているが、かれらは、ほとんど、これまで公証人の世界の圏外にいたものである。というのは、すでにピサの公証人ギルドに加入している公証人の子・兄弟・孫は、この種の審査を必要としなかったからである。七一名のうち、三名だけは農村地域の公証人の子であったが、その他は、染色職人、チーズ製造人などの手工業者の子であった。審査の結果、五二名の加入が認められている。このように、一四世紀には公証人層の急速な膨張が見られるが、すでにそれ以前から、農村地域の地名を「姓」とする多数の公証人が存在することが指摘されている。つまり、一二世紀以降、とくに一三世紀から一四世紀初頭における商工業の発展、地主制の展開、都市化現象（フィレンツェの人口は、一二〇〇年には五万であったものが、一三〇〇年には九万に達したと考えられている）などの社会的変化が、公証人業務を拡大させ、これが、公証人層の膨張に帰結したと考えて良いだろう。逆にいえば、公証人の地位は、社会的上昇のための重要なステップだったともいえよう。

## 六　公証人の教育

このように、一三世紀から一四世紀にかけて公証人層の急速な増大が見られるが、その準備教育は、各地に多数存在した公証人学校において行われた。これは、多くの場合、小規模な私塾的な教育機関であって、大学ではなかった。中世イタリアの主要都市のうち、公証人に大学教育を義務づけている唯一の都市はボローニャであるが、これも、著名な法学部での勉強を要求しているのではない。むしろ、その母体となったと考えられる七自由学科（とくに修辞学、文法）の学校での勉強が必要だったのである。(9) この点では、弁護士の前身ともいえる procurator も同様であって、法学の学位を要求される判事 judex の場合とは異なっている。

前述の一三二七年のピサの史料によれば、公証人ギルドへの加入のためには、まずラテン語作文（文書作成）の試験を受け、ギルド側試験委員の口頭試問に答えねばならなかった。さらに、数名の証人を立てて、自分が㈠二〇歳以上であること、㈡四年以上継続的にラテン語を学習したこと、㈢合法的な婚姻によって出生したこと、(10) ㈣ピサの都市および周辺農村地帯の生まれであること、㈤ピサ伝統の皇帝派《ギベリーニ》に属すること、を証明する必要があった。

一四世紀イタリアの大都市においては、中・上層市民における教育のレヴェルは、われわれの想像以上に高いものであった。(11) 一四世紀フィレンツェの年代記作者ジョヴァンニ・ヴィッラーニは、その Cronica, XI, 94 において、「読み方を習っている男の子と女の子は、八〇〇〇から一万人である。六つの学校でそろばんと算術を習っている男の子は、一〇〇〇から一二〇〇名である。四つの大学校（ラテン語学校）で文法と論理学を学んでいるものは、五五〇人から六〇〇人いる」と述べている。商人の子弟は、五、六歳で学校（私塾）に入り、五年間ほど勉強したのち、算術学校で二年半ないし三年の課程をおさめ、大体一三、四歳で見習いとなって実務の道に入るのであるが、公証人を志望するものは、この後ラテン語学校に学び、さらに公証人のもとで修業するわけである。したがって、公証人になるにはかなり長期の準備期間が必要であった。ラテン語および修辞学がその教養の基礎になっていたのであるから、たとえばコルッチオ・サルターティ（一三三一〜一四〇六年）のようなルネサンスを代表する人文主義者《ヒューマニスト》が公証人の中から生まれて来るのも不思議はないであろう。

## 七　公証人と官職

公証人の業務は、本来、自由業である点に特徴がある。しかし、中世においては、公証人が官職に就任することは、なんらさしつかえなかった。それどころか、都市であれ、ギルドであれ、公証人がその専門的知識をもって勤務することが期待されている多数の官職が存在した。少数の重要な行政官・司法官の職は、大学で法学を学んだものによって占められたが、かれらも、実務的には多数の公証人出身の「書記」の活動によって支えられていたのである。たとえば、一三二七年のピサの給与規定 Ordinamenta salariorum が残っているが、そこには大使 Ambaxiatores を除いて、二八五の官職があげられている。そのうちの一一五、すなわち約四〇％は、書記官として公証人が就任することが予定されている。この史料には、周辺農村地域へ派遣される行政官（これは、市民の間から選抜されるもので、決して法律家であることを要しない）のポストが四〇あげられているが、かれらは例外なく一人の公証人を書記として任地に帯同することになっていたので、これだけで常に四〇のポストがあることになる。各裁判所の書記は合計三八名、城門の税関などで間接税の徴収事務にあたる書記も、少なくとも二〇名は存在した。このほか、準国家的な機関である各種ギルドにも、多数の公証人が勤務していた。つまり、公証人は、「官吏」として実務を担当しうるほとんど唯一の階層だったのである。官僚制の成立、発展をこんご研究して行く際には、公証人の果たした役割の検討は、避けることのできない課題であろう。

ところで、官職への就任といっても、その公証人が全活動時間をその職務にあてていたわけではない。官職と自由業としての公証人の活動は、同時に併存し得たのである。たとえば、農村地域の市民行政官のもとで書記として働く公証人は、その職務のかたわら、土地の住民の依頼に応じて、登録簿への記載、証書の作成のごとき公証人本来の業務を行っていた。前に述べたセル・シモーネの登録簿を詳細に検討すると、かれは、この登録簿への記載を行っていた一三四四年二月から四七年六月までの三年半のうち、実に二年間を農村行政の書記として勤務していたことが見出される。かれは、この間、公証人と書記の職を両立させていたわけである。このように、公証人にとって、官職への就任は重要な意味を持っていた。ある研究者は、公証人の半数が官職に吸収されたとしているが、これも必ずしも過大な見積りとはいえないであろう。

「官吏」としての公証人の職務は、きわめて専門的なものである。たとえば、前に触れた農村行政の「書記」の職務は、たんに記録の作成にとどまるものではなかった。都市から派遣される行政官（カピターノ、ポデスタなどと呼ばれる）は、かならずしも法律家ではなく、市民の間から選挙ないし抽選によって選ばれるのであって、しばしば専門的知識を欠いている。このような場合、書記として随行している公証人が、法的な助言を行い、事実上、行政・司法をリードしていたと思われる。先年、私は、ピサ国立文書館所蔵の史料の中から、一四世紀ピサの農村行政のための「公証人書式集」を発見する幸運に恵まれた。ここでは、その内容に立入って論ずる余裕がないが、これも単なる書式集ではなく、多くの法的注釈nota iurisの付された「農村行政のマニュアル」であった[12]。都市国家の行政・司法は、まさに公証人層の広範な存在とその専門的知識によって支えられていたのである。

以上のような官職のうちもっとも重要なものは、都市国家の書記局Cancelleriaの長（書記官長Cancelliere）であった。とくに、一四、五世紀フィレンツェの書記官長の職は、コルッチォ・サルターティのような当代最高の人文主義者にゆだねられていた。その任務は、主として、外交文書の作成にあったが、それは、たんにラテン語の修辞に秀でているだけでできるものではなかった。ここでは、エウジェニオ・ガレンの次の言葉を引用しておけば十分であろう。

エネア・スィルヴィオ・ピッコローミニ（教皇ピオ二世、在位一四五八〜六四年――引用者註）が、フィレンツェ民主政治がつねに傑出した書記官長を選任してきたことを讃えたとき、かれが強調したことはまさしく、このような微妙な要職を、専門家であると同時に名声の高い人物に一任してきたフィレンツェの賢明さであった。法律学や修辞学に熟達し、人を納得させうる陳述力を具えかつ人間関係にも通じた公証人として、フィレンツェの書記官長たちは、共和国の統治形態が急激に揺れ動くなかにありながら、政治的一貫性を保つ要因となってきた。これを支えるものはかれらの体験に裏づけられた専門的政治理論であり、偉大な名声によって結びつけられた公的な友情であり、個人的交友であり、さらに豊かに蓄えられたその知識であった。(13)

コルッチォ・サルターティにおいて典型的に見られるように、公証人としての実務的知識と経験は、修辞学・論理学などの深い教養と学問的精神に裏打ちされることによって、ルネサンス文化の発展に大きな貢献をなしたのである。(14)それは、あまりに伝統的な大学の中からは生まれて来ることのできないものだったともいえよう。中世末期ないしルネサンス期のイタリア諸都市において、公証人が果たした社会的・文化的役割の重要性は、こんごますます認識されて行くことになろう。我国においても、この方面の研究が進展することを期待したいと思う。

**註**

（1） 私のこれまでの研究は、拙著『イタリア中世都市国家研究』岩波書店、一九七五年にまとめてある。なお、「十四世紀ピサにおける一公証人の活動」『史学研究』（東京教育大学文学部）一〇一号（一九七五年三月）も、参照して戴きたい。本稿では、その性質上、文献の列挙は行なわないこととする。

（2） 久保正幡「公証人と法律学の歴史」『公証法学』二号、三堀博「公証人公証の基礎理論」『公証法学』五号を参照されたい。そのほか *Notarii, Documenti per la storia del notariato italiano*, a cura di A. Petrucci, Milano 1958; G. Costamagna, *Il notaio a Genova tra prestigio e potere*, Roma 1970; M. Amelotti e G. Costamagna, *Alle origini del notariato italiano*, Roma 1975.

（3） D. Herlihy, *Pisa in the Early Renaissance*, New Haven 1958; O. Banti, Ricerche sul notariato a Pisa tra il XIII e il secolo XIV. Note in margine al Breve Collegii Notariorum(1305), “Bollettino Storico Pisano”, XXXIII-XXXV(1964–66). による。

（4） C. Paoli, *Diplomatica*, 2 ed., Firenze 1942. 以下の文書学の教科書を参照。

（5） A. Panella, Le origini dell’archivio notarile di Firenze, “Archivio Storico Italiano”, ser. VII, Vol. XXI(1934).

（6） Costamagna, *Il notaio a Genova*, p.217 et sq. 最古の登録簿は、Documenti e studi per la storia del commercio e del diritto commerciale のシリーズで刊行されている。

（7）　ジャン・ファヴィエ、永尾信之訳『文書館』（文庫クセジュ）一九七一年、五七～五九頁。
（8）　前掲拙稿「十四世紀ピサにおける一公証人の活動」。
（9）　L. Martines, *Lawyers and Statecraft in Renaissance Florence*, Princeton, N. J. 1968, p.38; Costamagna, *Il notaio a Genova*, p.105 et sq.
（10）　レオナルド・ダ・ヴィンチが、庶子であるために公証人としてのキャリアをあきらめ、ヴェロッキョの工房に入った事例が想起される（かれの父は公証人であった）。
（11）　A. Sapori, La cultura del mercante medievale italiano, "Studi di storia economica (secoli XIII-XIV-XV)" 3 ed., vol. 1, Firenze 1955, pp.53–93.
（12）　K. Shimizu, *L'amministrazione del contado pisano nel Trecento attraverso un manuale notarile*, Pisa 1975. において、この史料の公刊を行った。その内容については、前掲『イタリア中世都市国家研究』第七章「十四世紀ピサの農村行政」を見られたい。
（13）　E・ガレン、清水純一、斎藤泰弘訳『イタリア・ルネサンスにおける市民生活と科学・魔術』岩波書店、一九七五年、五～六頁。
（14）　イタリア史上に重要な役割を果たした主要な公証人たちの略歴が次の文献に集められているので、参照されたい。*Il notariato nella civiltà italiana, Biografie notarili dall'VIII al XX secolo*, Milano 1961.

# VII イタリア中世都市論再考

1500年頃のフィレンツェ（部分）

「都市」の問題は、この学会においても一〇年ほど前から取り上げられております。ヨーロッパについていえば、今回司会をお願いした魚住先生の試みられました展望（魚住昌良「ヨーロッパ中世都市史の研究状況」『史潮』新6号、一九七九年）がその出発点でありました。私はここで、その後におけるこの問題についての考え方を中心に、特にイタリアに関して現在論じられていることを、簡単に御報告したいと思います。その上で、今後の研究方向のまったくの一例として、若干の事実関係を申し添えるつもりです。

## 一　研究史の問題

この問題は、なんといっても戦後日本の歴史研究全体の流れの中で規定された問題意識によって、形成され発展したといわねばなりますまい。それは日本史の場合でもアジア史の場合でも同様であろうと思いますが、大きく分けて二つの問題になりましょう。一つは「近代化」あるいは「近代市民」というものをどうとらえるか、という問題であります。もう一つは「資本主義の成立論」の中で都市をどうとらえるか、という問題であります。その際いずれの場合にも、実際問題としては「農村史」に非常に大きな比重がかけられていまして、「都市史」は常にそれに伴なってというよりも、その背後において、それに付随した形で問題にされてきたということは否めないでありましょう。都市史そのものの研究は、最初のうちは必ずしも多いとはいえないのであります。

## 1　近代市民論と南欧都市論

まず「近代市民」といったものを考え、これをイタリアの都市の問題と関連させて考えてみると、何といってもその研究の出発点において、増田四郎先生や大塚久雄先生の業績が大きな影響を与えたと思われます。ほんの一例として二、三の論文をあげますと、例えば増田先生の「西欧市民意識の源流」、これは一九四八年に書かれ、翌年の『西欧市民意識の形成』という本にはいっております。その特徴は一方においてはウェーバーの、他方においてはドイツの法制史、とりわけ「団体法」の歴史の影響を受けて書かれたものでありまして、近代における都市および市民の発展を一二世紀あるいは一三世紀における「コンミューン」（コンユラーティオ）の中に見ようとするものであるといえましょう。その「団体精神」としての都市の中における市民について、増田先生は「打って一丸とした」という表現を用いておられますが（『西洋中世社会史研究』）、その「打って一丸とした」市民の共同体の形成が、ヨーロッパ文化の一つの重要な流れとして存在する。このように問題を立てますと、ヨーロッパ都市の基本的な型は、ドイツ・北フランス・ベルギーといった北ヨーロッパの都市にあるということになりまして、それと非常に性格の違ったものとしての南欧都市、イタリア都市という形で問題が提起されてくるわけです。例えば前に述べましたように、「コンミユーン」なるものが北ヨーロッパにおいては都市共同体市民を「打って一丸として」形成されたとすれば、南ヨーロッパにおいてはその逆に、むしろ都市貴族あるいは一部の封建貴族層を含みこんだ形で、つまり一種のヒエラルキーを含んだ形で共同体が形成されてくる。すなわち支配ということが都市の中の非常に重要な要素として存在する。それゆえに市民というものは、真の意味において平等な、かつ、なんといいましょうか、自由なというか、そういった結合形態を形成するのではなくて、その中には「支配」というものが非常に重要な要素として存在する。こういう問題の立て方であろうと思います。

やや経済史的あるいは商業史的に問題を取り上げますと、例えば北ヨーロッパの商業都市の代表であるハンザ都市における取り扱い商品が、穀物とか魚とか木材とか、日常生活に不可欠な商品を主とするのに対して、南ヨーロッパ、特にイタリアの都市はスパイスその他の奢侈品を取り扱っていることが問題となります。そこにおいては、取り扱う商品の違いとともに、利潤のあり方の違いが存在する。北ヨーロッパの場合には、住民の日常生活の必要に依拠した商品が、はっきりとはいいきれないもののやや合理的な形で取り引きされるものに対して、南ヨーロッパ、例えばイタリア都市の場合には、流通経路が非常に長く、商品の価格体系の差がきわめて大きく、したがってその間にきわめて独占的、その意味でいわば不合理な利益をあげることができる。このことが市民意識そのものにも強い影響を与えたのである。こういった論旨になろうかと思います。

つまり、簡単にいいますと、北ヨーロッパの都市を「あるべきもの」とすると、南ヨーロッパの都市、なかんずくイタリアの都市はその裏返し、こういう形で問題が提起されたといってさしつかえないでありましょう。そしてその一方において、資本主義成立論のみならず、ヨーロッパの農業・農村史、土地制度史に関する研究に決定的な影響をおよぼした大塚先生の諸業績が、やはり同じような形で北と南の違いを意識しておられることも、ご存じの通りであります。

ここでは全くの一例として、大塚先生と星野秀利さんとが一緒に書かれました「イタリア・ルネサンスの社会的基盤」、これは「講座近代思想史」に一九五八年に書かれた論文でありますが、その中で、このイタリア都市の特徴、それがイタリア都市の文化にどのような影響を与えたか、という形で問題を提起した部分がございます。これはもっぱらフィレンツェを対象としたものでありますが、その社会のヒエラルキー的な構造を取り上げておられます。つまり一三世紀から一四世紀におけるフィレンツェの繁栄を支えた毛織物工業のあり方がきわめて問屋制的な構造を持っており、都市貴族層の一方的な流通支配のもとに、包摂された状況におかれていたが故に、一般商人層の自立化という契機が非常に乏しい、という議論がなされております。また同様に、イタリアでは都市が農村を支配するという「都市国家」の構造をとっておりますから、市民層、特に有力な市民層の利害のもとに農村が「地主制的」に支配されるという構造を持つ。したがって「農民的」な富の蓄積が非常に困難な状況が形成され、このことが逆にイタリア都市の、北ヨーロッパとは非常に違った基本的な構造を造り出すのみならず、市民のあり方において、存在形態あるいはメンタリティーの面において大きな違いをもたらす、こういうふうな説明がなされております。そしてこの論文は、最後にメディチ家の支配のあり方を論じまして、流通過程における巨大商人であるメディチがいかに都市を支配するかのみならず、文化のパトロンになったかという問題を取り上げ、周知の通りこのような状況に対して生じてくる「宗教改革」のきっかけをなしたルターの「九五ヵ条」が、ほかならぬメディチ家出身のレオ一〇世に対してつきつけられたものであることを指摘して終わるのであります。

この論文は、もちろん単に「中世都市」の問題だけではなく、次に述べます「資本主義成立論」に踏み込んでいるわけでありまして、増田先生の場合とはやや異なっているのでありますが、全体としてのコンテクストからいいますと、北ヨーロッパの都市と南ヨーロッパの都市とが、市民の「純粋性」といいますか「反封建性」といいますか、そうした問題を軸にして対置されているという点では、共通した性格を持っていると考えてよいと思います。

## 2　資本主義成立論と南欧都市論

ところでこれらと並行して、少し別の角度から展開された一連の研究があります。その主題は「資本主義成立論と南欧都市論」とでも申しましょうか。その背後には、もちろん大塚久雄氏・高橋幸八郎氏等の研究があるのでありまして、いわゆる中産的生産者層における富の蓄積の問題、農民層の自立性の問題、あるいはそれを中心としての農民層分解の可能性といった、基本的な発展過程を設定するとすれば、それに対してイタリアの場合は果たしてどういうことになるのか、というのがその課題であります。その代表というべきものが、イタリア史研究の大先輩である森田鉄郎氏の論文でありまして、ここでは大塚・星野論文に前後する、早い時期の二点だけをあげます。

一九五三年の「研究」に載った「中世イタリア都市の食糧政策と農制との関係について」と、ややおくれて五九年の「社会経済史学」に載った「近代社会成立史上におけるイタリアの特殊性」とがそれであります。題名そのものが内容を十分に示していますから詳しい紹介は省略しますが、基本的には大塚・星野論文と共通した立場から、南ヨーロッパにおいては都市・都市国家の構造そのものが北ヨーロッパの場合とは非常に違い、領主をも含みこんだ領域国家を形成しているが故に、農民層の発展が阻止されたと、極度に簡略化すればいえようかと思います。

つまり、この場合にも、北ヨーロッパにおける発展を「近代化」の典型的なタイプと考え、その裏返しとしてのイタリアあるいは南欧という図式をもって問題をとらえようとする、さらにいえば、「近代化」にたちおくれた理由をここに見出そうとする、こういった問題の立て方でありまして、これは何もイタリアに限らず、日本史やアジア史などにおいても広く取り上げられ、その克服が我々にとって共通の課題であった一つの問題設定の方法であったといえようかと思います。

このような「近代化」の視点からイタリアを把握するということは、具体的には北ヨーロッパと南ヨーロッパとを類型的にとらえて「近代化」の典型的なタイプとその裏返しとしてのタイプを設定するということになるわけですが、これは一九世紀から二〇世紀、特に戦後の段階における先進的な近代国家とそれに立ち遅れた国家という、二元的な対比から出発して、その理由を歴史的に、いわば限りなく遡って行くという、そういう形の論理を持っているわけであります。したがって、これはやや失礼な言い方になるかと思いますが、あえて申し上げますと、到着点から出発してその歴史過程を説明する、そういう説明の仕方でありますから、論理構造としては全体として閉ざされているといわざるをえないだろうと思います。なぜ立ち遅れたかということは、こういう問題があるから立ち遅れたのである、ということで立ち遅れたところへ戻るという、こういう形を持っているわけでありまして、これはイタリア史の問題としても、あるいは一般的にも、後に続く世代の人間としてはやや狭い問題の立て方ではないかと感ずるわけなのです。

そこで、こうしたことの後を受けまして、星野氏の研究が進められ、それに倣いながら私も勉強を始めたわけなのですが、この世代の特徴は、もちろんこれまで述べて来ました先学の研究成果から出発しつつも、それをもう少し広い国際的関連の中で考えてみようというところにあろうかと思います。例えば大塚・星野論文に続く星野氏の研究は、同じくフィレンツェの毛織物業の問題でありますけれども、イタリアだけでなくヨーロッパ全体、あるいは市場としてのイスラム社会を含んだ国際的関連の中で、という方向に進展していったといえるのでありまして、その成果は一九八〇年、「末期中世のフィレンツェにおける毛織物ギルド或いは毛織物工業」と題するイタリア語の大著として出版されました。同氏は現在ボローニャ大学で教鞭をとっておられます。こうした中世における工業と商業の国際的連関というテーマは、今日信州大学の齊藤（寛海）さんの商業と通信といった形での問題提起につらなっていることは当然であります。

私はと申しますと、それとはやや違った方向へと、少しずつ研究を進めてきたわけなのですが、それはどちらかというと、やはり農村史研究の影響を非常に大きく受けていたと思います。つまり農村社会のあり方が都市をどう規定したかというような形で、農村の側から都市を見る必要があるのではないかというようなことでありまして、都市史といっても農村の構造から都市の構造との関連、といった形での「都市国家」の構造論から、その上での市民文化論をも考えて見たいと思ったのであります。この農村の側からのアプローチという点では、我ながら最初に述べました時代の影響とそれによる限定とを認めざるをえませんが、それにしても史料的な制約もありますし、問題点が非常に多いままに、十分展開しきれずにいるというのが実際のところであります。

その際に問題となりますのが、すでに森田氏も取り上げておられますが、ロシア生まれのイタリア人、ニコラ・オットカール（一八八四〜一九五七年）という人の中世イタリア都市をめぐる著書・論文でありまして、これは北欧都市と南欧都市の、やはり類型論、社会学的な類型論を展開したものであります。彼も又、北ヨーロッパの都市をやはり純粋にといいますか、市民の結合体としてとらえる。それに対して南ヨーロッパの都市においては、土地所有者層を含んで都市市民上層部が形成され、それが結果的に「都市国家」という形になって国家構造を造り出す。こういう論旨でありまして、たしかにイタリア都市に固有の性格を浮き彫りにしたという意味で大いに参考になる貴重なものでありますが、しかしあくまでも静態的な「型」として提起されているわけでありまして、こういう性格がどのような歴史過程の中で形成され発展したかという問題に答えるものではありません。また全体としてその発想が、ガエターノ・モスカの政治階級論の影響もありまして、イタリア都市に固有な社会的・政治的性格が指摘される一方で、支配者層の連続性という点に、結局問題が収斂していくといった構造を持っているように思います（清水廣一郎・佐藤真典共訳、オットカール『中世の都市コムーネ』一九七二年、「あとがき」参照）。彼のこのような特徴と問題点とを考えるにつけましても、当然のことながらやはり都市と農村との関係を、改めて史料のレヴェルから新しく展開しなければならない。特に都市の構造を発展の相のもとに再検討しなければならない。結局はこういうことになるのでありまして、私の場合には六〇年代のことでありますが、やはりドイツ地域史の研究方法が有効ではないかというような感じを持っていたのであります。

以上、いずれの研究をとりましても、北と南の対比、基本的には北を典型とし、南をその裏返し、或いはそれからの、基本線からのズレとして問題にするという、共通した性格を持っていたといえるでありましょう。

### 3 ヨーロッパ都市史研究の新しい動向

これでやっと今日の話の前段が終りました。ところで最近になりまして、ヨーロッパの都市史における新しい研究動向が次第に紹介され、日本の研究者によっても実証的な研究が進められるようになりました。それは特に北ヨーロッパの都市の構造を中心とするものといってよいでありましょうが、その間に従来のいわば「純粋なる市民」、或いは都市共同体、或いは都市法に対する研究についての批判が、もちろんそれぞれの方々の観点・方法・問題意識において違いはありますけれど、はっきりと現われてきたといえるであろうと思います。

そのうちで最も重要な問題の一つと思われるのは、中世都市の本質というべきものは、遠隔地商業を担う商人が中心となって造り出した商工業の拠点であり、同時に市民の政治活動によって獲得された自由と自治の牙城であると、こういうふうに考えられてきた従来の伝統的な視点に対する修正の試みでありましょう。これを九州大学の森本芳樹氏に従って整理して見ますと、まず第一に中世都市の概念をより柔軟化しようとする考え方でありましょう。「遠隔地商業とそのための手工業生産によって成長し、市民勢力の拠点となって大幅な自治と自由を獲得した」というのは一部の大都市でありまして、こういうものをモデルとして都市というものの基準や概念を設けるのではなく、もっと農村都市的なもの、農村集落に近いものをも含めて都市として取り上げて行こうという方向であります。つまり例えばケルンとかブルージュとかいった大都市を中心として、しかも法制史的に都市概念を構成してきたのが従来の都市研究の基盤でありますが、それをより広い範囲と意味においてとらえていこうという方向であります。

しかも都市を政治的・経済的・文化的・宗教的等、多様な中心地としての機能においてとらえる、これは地理学の中心地論の影響を受けているわけですが、そういう形でとらえていきますと、従来の法制史的な都市法のもとに集まる市民の団体というよりも、より柔軟な広い範囲で、都市の概念が拡大されて行くことになります。つまり機能論的な視点の導入ということになりましょう。

このことに関連して、従来の研究においては「都市」と「農村」とをきわめてリジッドに分けていたことは上に述べた通りでありますが、これに対してむしろ北ヨーロッパでも、自治都市の形成の最初の段階においては封建的貴族の家臣層、或いは出自からいって封建的貴族層に類するような人々が、むしろその中核にいたのではないか、そういう形でも問題が出されてくることにもなります。つまり法制史的にはきわめて明確に区分されていたものが次第にぼやけてきた。「市民の自由」と「自治の牙城」なるものを考える際に、実はどちらかというと領主側の影響も、発展の過程においてはむしろ非常に重要ではなかったか、という議論も提起されてくる。全体としていえば、法制としてよりも機能として考えたらどうかという傾向であります。

このことはもちろん、「都市」と「農村」との関連性を考え直そうということであります。「遠隔地商業」の比重をもう少し限定して、在地的な農業生産の発展との関係で都市を考えていこうという方向も出てくるのであります。

以上を結び付けるものは中世都市の封建的性格の強調でありまして、ヨーロッパ中世史の伝統的な考え方でいいますと、共同体説に対する領主制説の優位ということになります。これをあまり極端にいいますと誤解を生じますが、これが伝統的見解に対する大幅な修正の必要を示唆していることは否定できないでありましょう。

このように北ヨーロッパの都市に対して新たな研究が提起されてくると、これは直ちに南ヨーロッパの都市の問題にはねかえってくることになります。従来北ヨーロッパのそれの裏返しとして考えられてきた南ヨーロッパ、さしあたりイタリアの都市は、それではどういうことになるかということであります。

これは冗談として聞いていただきたいのですが、私は時々「ヨーロッパの都市が全部南ヨーロッパの都市になった」などと申すことがあります。従来南ヨーロッパの都市の特徴と考えられていたことが、北ヨーロッパの都市史の中に大幅に受け入れられるようになったということでありまして、いささか自分にとって都合のよすぎる考え方かもしれませんが、そういう形で問題を整理することもできるような状況になりつつあるということはできようかと思われます。

それはそれとして、北と南にはもちろん大きな違いがある。その中で南北の類型論は、どのような役割を果たすことができるのだろうか。そして最近における北ヨーロッパの都市研究から、何をいかに学び、何をいかに批判せねばならないか。このような新しい問題を、南ヨーロッパ都市史の研究者は突き付けられているわけであります。大きなコントラストと考えていたことが、ある意味ではコントラストではないかもしれない。段階的な違いであるのかもしれない。こうして最近では「都市」というよりも「都市現象」というような形で問題をとらえた方がよいのではないか、というような言い方までされるようになったわけです。

このような考え方をもう少し展開して見ますと、次のようなことになるでしょう。周知のように北イタリアの都市は、事実上の「主権国家」を現実に達成しています。そうした主権国家が多数分裂し対立しあっているのが、北イタリアにおける一二、三世紀以降の実状であるわけですが、そういう状況が北ヨーロッパにあったかといえば、必ずしもそうではない。もちろんハンザ都市の中には、非常に重要な、事実上の自立性を持った都市国家的なものを造り出した都市もありますが、都市国家の分裂状態というべきものがあったわけではない。これは程度の差といえばそれまででありますが、やはり大きな違いというほかはないでありましょう。

しかし、その一方において「周辺の世界、農村世界との絆を維持して、その組織化と統治の中心となった都市」、これはニコラ・オットカールがイタリア中世都市を定義した言葉でありますが、これを言葉通りに理解すれば、こういう都市はヨーロッパのいたるところに、もちろんヨーロッパと限る必要はありませんが、とにかくいたるところに存在したのでありまして、規模の大小の差こそあれ、イタリア固有の現象とはいえますまい。つまり私の問題関心から思い切っていってしまいますと、大小様々の都市に共通するある要素を極限にまで拡大すると、「イタリア都市」という形になるというように考えることもできようかと思います。

## 二　イタリア中世都市の二つの顔――ピサを中心に

ここで問題としなければならないのが、都市の二面性ということであります。都市は一つの中心地的な機能を持つとともに、住民の共同体としての機能を持っている。商人や手工業者の集住地として周囲の地域に影響を及ぼすとともに、周辺の農業生産力によって維持される。この商業・手工業の営業空間は、きわめて狭いものから広いものにまでわたり、一部の大商業都市においては、括弧付きですが「国際的」な広がりを持っているとさえいえます。その一方、都市は教会を通じて、宗教的・文化的な中心地としての機能を持ち、そうした影響を周辺に及ぼしますし、こうした機能が都市を社会的編成の核たらしめる。これを人間集団としての角度から見ると、中心地としての機能の大小に応じて、都市的集落には様々な人が集まってくる。農村都市的集落であれば狭い範囲から、国際的な商業都市であればきわめて広い範囲から、人間が集まるということになります。

しかし、このように中心地としての機能を維持・発展させる機能そのものは、その都市の共同体としての自治的な運営にあるわけでありまして、この点に都市の基本的な要素が存在するのであります。もちろん都市といっても、事実上の集権国家というべきものから、領主とか国王とかいう上級権力の視界に固く組み込まれている農村都市・市場町のようなものに至るまで、非常に広い段階があり、それぞれの機能に応じて自治的な機関が形成され運営されているわけですが、その運営は広い範囲の人々に開かれていたわけではなく、実際上はきわめて少数の有力者の手に握られていた場合が多いことは御存知の通りであります。そうでない場合にも、外来者はできるだけ市政の運営から排除されるというのが原則でありまして、それぞれの都市または都市的集落に、恒常的に、できれば先祖代々居住し、家屋敷を構え、商人手工業者或いは土地所有者として、その土地の利害に全面的・密接に関わっている者のみが、都市共同体の運営に参加できると考えられていたわけです。この意味においては、都市はきわめて閉鎖的、かつ排他的・限定的な性格を持っております。つまり都市というものは、大小様々の地域を統合し編成する中心地としての機能を持つ。それ故に非常に広い範囲から人々を受容する開かれた性格を持っている。その反面でその運営にあたっては、共同体として他者を排除する閉鎖的な性格を同時に持っているわけでして、一見きわめて矛盾しているかに見えるこの点は、今後さらにつめて行く必要がありましょうが、おそらくは都市機能そのものの中に共通する側面を持っていると考えてよいでありましょう。

### 1　共同体・教区の問題

最後に時間の許すかぎり、具体的な事例としてイタリアのピサの場合を取り上げます。第一図に掲げましたのがピサの都市図です（**地図Ⅰ**）。下の物差しが全体で五〇〇メートルですから、規模は御理解いただけましょう。この中に一三世紀から一四世紀の段階で、大体八〇の教区教会があります。黒い点が若干の例外がありますが大体教区教会です。ここには四三だけしかありません。実は一七世紀に遡る最も古い地図で確認できるのがこの四三なのでして、残りの四〇ほどは歴史の中に消えてしまって、現在では位置が分からないのです。しかし中世都市が最も発達した一三世紀から一四世紀には八〇ほどの教区教会があり、これを中心として都市の共同体的な機能が営まれていたということになります。市壁で囲まれた都

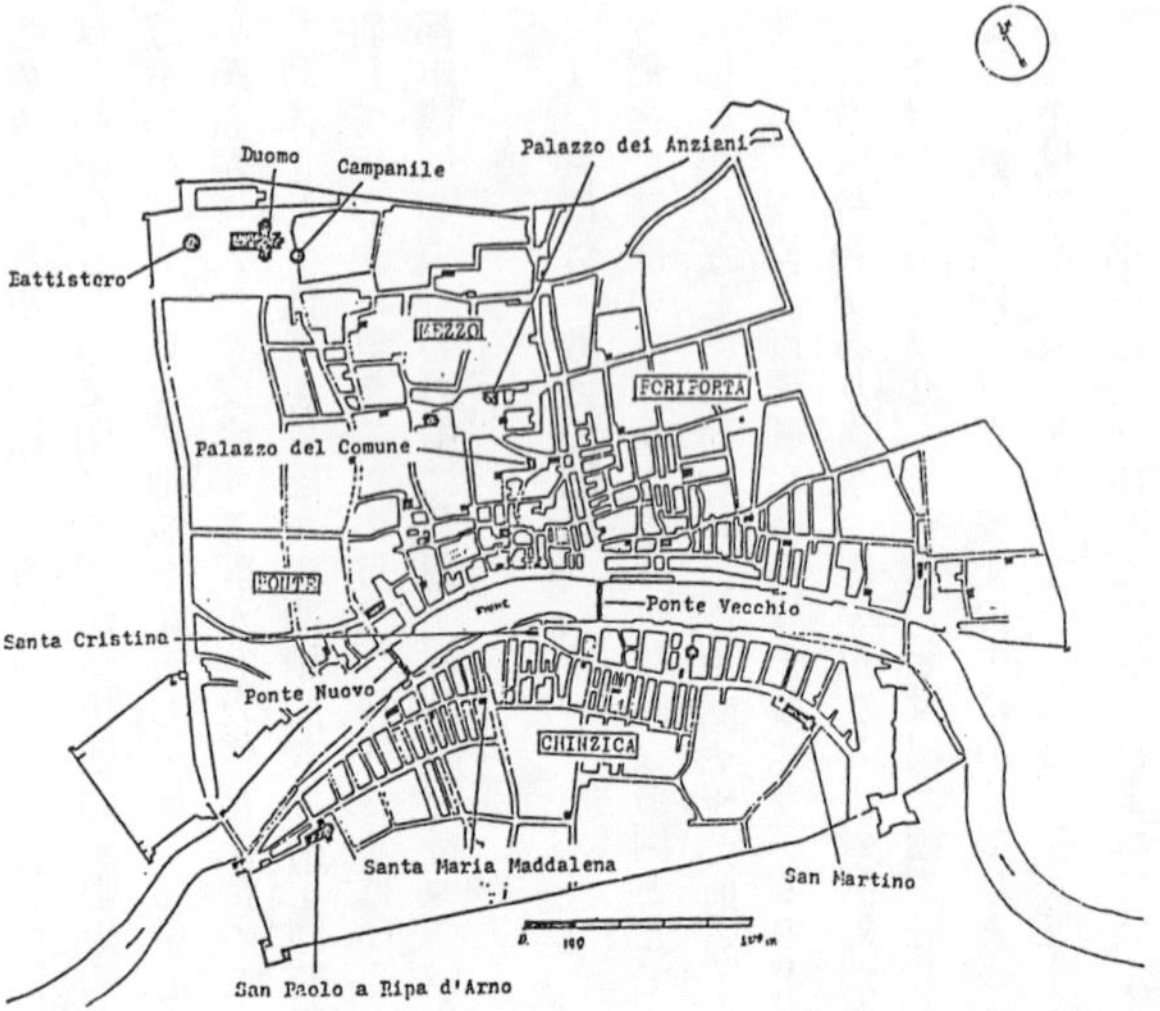


地図Ｉ　ピサの都市図

市域は、アルノ川の北側が約一一四ヘクタール、南側が約八五ヘクタール、そこへ八〇の教区があるのですから、一教区平均二・五ヘクタールほどになりましょうか。しかし市域内全域に家が建てられていたわけではなく、図でもおわかりのように周辺部になると道路網がきわめて疎になっておりますから、空き地が沢山あったわけで、中心部では大体一ヘクタール程度の教区があったと推測することもできます。人口が分かるとよいのですが、実際のところはこの時期の都市の人口を明らかにすることは、非常に困難なのです。

この教区というものは、教会上

の行政区であるとともに、住民の共同体でもありました。例えば徴税の請け負いや防衛の単位でありますし、末端の警察機能をも持っています。消防の義務もありますし、犯人を皆で追いかける追及義務というものもある。つまり市政の最下部の単位であります。しかもそこには、必ず代表、それから評議員、それから村の年寄りというか町の親方というか、そういう役があり、出納役・会計係もいる。こうした共同体の財政も運営もそれぞれの教区レヴェルで行われます。中世の公証人文書を見ますと、しばしばこの教区共同体についての記事が出てきますが、これらの役職は大体任期が半年でありまして、年二回人々が集まって財産を始めいろいろな問題や役職の選出などについて議論がなされることになっています。教会の鐘を鳴らしてみんなが集まり、共通の問題を論じあうことになっているのですが、この公証人文書に議事録がたまたま残っているものを見ますと、実はその住民集会に集まる人間がきわめて少ないことが分かります。「住民の大部分が集まった」とか「住民のよき部分が集まった」とか「有力な部分が集まった」とか記してありましても、よく読んでみると現実にはごく少数の集まりであったり、地域の最も重要な商人達や公証人や土地所有者の類だけであるように考えられます。ピサのような場合には船主・船舶運航業者などが加わっておりますす。とにかく全体として見ますと、ごく少数の人間が教区共同体の運営メンバーとなり、共同体の名のもとに地域を統治している、こういう構造が浮かび上がるといえるでありましょう。

## 2 受容する器としての都市

私はアルノ川の南側の狭い地域についての地域分析のようなことをやっております。まだ分からないことが非常に多いのでありますが、「外国人」が集まっていることに注意がひかれます。例えばフィレンツェ人であるとか、ジェノヴァの人間であるとか、マヨルカの人間であるとか、カタロニアの人間であるとか、そういった人間が一種のコロニーを作って滞在しています。この時代のピサは、衰えてはいますが、まだ西地中海の重要な市場――エンポリウム――でありました。第二図の簡単な図で示しましたように（地図II）、西地中海全域にわたる広い商業網の、多くの結節点の一つであります。ジェノヴァからシチリアを経て北アフリカに至る地中海の南北航路と、スペインからマヨルカを経てイタリアに至る東西航路とが交差する港が沢山ありますが、その一つがピサでありまして、さらに内陸のフィレンツェを結ぶ河川交通、トスカーナ地方一円からイタリア内陸部全体にわたる陸上交通網が、これに接続しているのであります。

つまりピサは海上交通網と陸上交通網の結節点でありまして、外の世界に対して非常に広く開かれております。それで特にアルノ川の南側、キンチカという地域には多数の宿屋がありまして、「外国人」、よそものが大勢住んでおります。最近私の発見した例では、キンチカからアルノ川の北岸にかけて古着屋が沢山ありまして、これが貸布団屋をかねて、流れ込ん

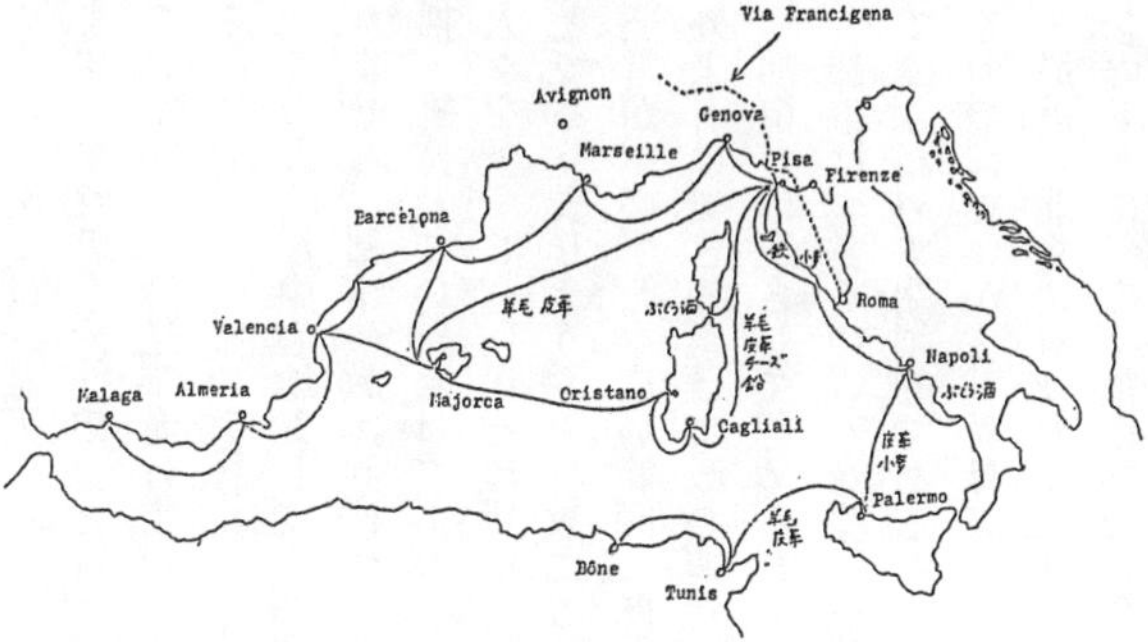


地図Ⅱ　西地中海域の商業網

できた連中にマットレスを賃貸する例が非常に多いのです。こういう商売が職業として成り立つということは、この都市における流動的な人口が非常に多かったことを示しています。

このようにピサと限らずこの種の都市は、外の世界に対して広く開かれており、様々な利害関係を編成する中心地としての強力な機能を持っている。特にジェノヴァであるとか、フィレンツェであるとか、有力な都市の人間が多数存在している。しかも都市は周辺の農村世界と固く結び付き、そこからも非常に多数の人間が入り込んでくる。こうした結果として、都市相互も様々のレヴェルの人間を介して交渉を持つ。このように都市は外来者を受容する器としての機能を持ち、そのために港湾・宿屋・食料品店・貸布団屋、それから運送業者とか家畜の獣医とか、種々雑多な施設や機能をもっていますが、これらに従事する人々も周辺地域から都市に吸引されてくる。例えば公証人の多くがピサ周辺の農村都市的な集落の出身であることが知られています。また職人や徒弟などは、ピサ領域だけでなく、かなり広い範囲の農村から集まって来ていますし、運送業者は街道沿いの農村都市出身者がネットワークを作っていることが認められます。

このような中心地としての都市機能は、しかし自然に形成され維持されていたものではありません。都市の教区共同体、そしてその上に立つ都市共同体の活動が、これらの機能を統括・維持していたわけであります。都市を広範囲にわたる様々の関係の結節点とし、多くの人々を吸引し、住民を流動的ならしめたのは、一方においては都市共同体の安定性と恒常性とでありましょう。それ故にこそ、教区共同体を始めとする都市共同体の自治的な諸機関の運営が、必ずしも広い範囲に開かれていない、事実上少数の有力者の手に掌握されている。外来者はできるだけ市政の運営から排除され、長い間その土地に定着することにより、初めて都市の市民として認められるということになると考えることができるでありましょう。

都市は、多くの人々を集め受容したという意味において開放的であるが、その運営においてはきわめて閉鎖的である。この二面性が、都市機能の維持という一点において連関しているのではないかと、私は考えるに至っている次第です。

最近、北ヨーロッパにつきましても、古典的な都市研究が批判され、より緩やかな都市概念のもとに、広く都市的な現象を明らかにしようという試みがなされていること、その間に都市の成立と発展における領主の役割の重要性が注目されていることは、先に述べた通りです。しかし、この領主の役割の問題も、改めて共同体としての都市との関係で再考されるべきではないでしょうか。都市機能がどのような形で維持されたか、そのためのチャンネルがどのような形で存在したかをもう一度考えながら、都市あるいは都市的集落の問題を、領主と住民共同体との協力・対抗関係の中で把握すべきではないかと思います。

## 三　結び

かつての古典的・法制史的な研究においては、都市の共同体としての側面、「都市コンミューン」に重点をおいた傾向が大勢を占めました。その反動として、現在では逆に、領主制的な視点から都市を見る傾向が強く現われているように思われます。都市権力が独力で都市の機能を維持していたわけではありませんから、領主制的な視点からこれを見直すことの意味は少なくありませんが、その領主のあり方が、反対に都市の機能そのものによって規定されているということ、領主の政策意図も住民団体との関係のもとに初めて実現され、住民団体の利害が領主を規制し、その行動を規定して行くということも、十分にありうるのであります。

ただこのような一般的な言い方をしていても、問題は前進しません。したがってここでは、北イタリアの多くの場合において事実上の主権国家をなしていた都市が、北ヨーロッパの都市において領主が果たしていた役割を全面的にはたしていた、それがイタリアの特徴であったという点を、改めて指摘したいのです。その結果、「都市の二面性」、一方における開放性と受容性、他方における閉鎖性と排他性、この二つの要素のコントラストが、イタリア都市において、より鮮明な形をとって現われてくるのではないでしょうか。このようにして、従来は北ヨーロッパの都市とは全く性格を異にしている、典型的なものの裏返しであるかのように見られていたイタリアの都市が、逆に、今後の都市論のための、いわば一つの典型としての素材を提供しているのではないでしょうか、現状においてはこのように考えている次第であります。

　そして従来の都市研究が、都市法というものを重要な材料として行われてきたが故に、少数の家持ち市民に対象が限定されていたことは、一つのマイナスであったろうと思います。現在ではそのほかに、流動的市民ともいうべきものが多数存在していることが指摘されておりますが、それは単なるマージナルな、周辺的といいますか、片隅における存在といいますか、そのような存在ではない。マージナルであると同時に、都市共同体につねに参加して行く予備軍として、「都市法」上の「市民」との間の相互の規定関係において、これを考えて行くことが、今後重要なのではないかと考えていることを申し添えます。

　これらの点につきましても、ピサの場合を例として、もう少し史料的に御説明したかったのでありますが、時間の関係もありますので、さしあたりこの辺でとどめさせていただきます。

# Ⅷ　イタリア中世都市論再考——清水廣一郎氏遺稿

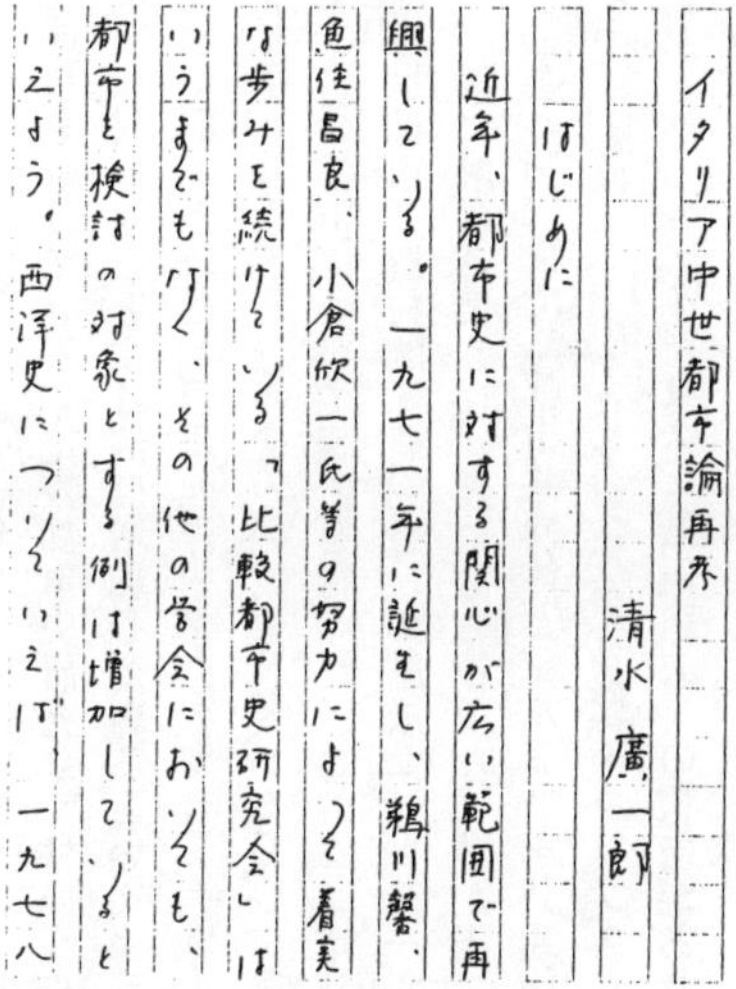
イタリア中世都市論再考
清水廣一郎
はじめに
近年、都市史に対する関心が広い範囲で再
興している。一九七一年に誕生し、鵜川馨、
魚住昌良、小倉欣一氏等の努力によって着実
な歩みを続けている「比較都市史研究会」は
いうまでもなく、その他の学会においても、
都市を検討の対象とする例は増加していると
いえよう。西洋史についていえば、一九七八

清水廣一郎氏　直筆原稿

# はじめに

近年都市史に対する関心が広い範囲で再興している。一九七一年に誕生し、鵜川馨・魚住昌良・小倉欣一等の努力によって着実な進歩を続けている「比較都市史研究会」はいうまでもなく、その他の学会においても、都市を検討の対象とする例は増加しているといえよう。西洋史についていえば、一九七八年に福岡で開催された「日本西洋史学会」では『西欧中世における都市と農村』というシンポジウムが組織され、森本芳樹、城戸毅、ならびに筆者が、それぞれベルギー・イギリス・イタリアの都市について報告を行った。このシンポジウムは、やがて森本氏を中心とする「西欧中世都市＝農村関係研究会」の結成（一九八一年）のきっかけとなった。この研究会からは、後に触れるように、幾つもの重要な業績が出ている。「社会経済史学会」でも一九八六年の五五回大会で『都市共同体とギルド』を共通論題として取り上げ、鵜川馨氏の問題提起を受ける形で、イタリア（齊藤寛海）・フランス（高橋清徳）・スイス（森田安一）・ドイツ（小倉欣一）・イギリス（酒田利夫）の報告があり、日本史・中国史の側からのコメントが行われた。

さて我々の「歴史学会」においても、一九七八年の大会で『世界史における都市』、一九七九年の大会で『世界史における都市と農村』の二つのシンポジウムが行われ、その成果がそれぞれ翌年の『史潮』に発表されたこと、さらに「都市のフォークロア」や「中・近世の商人と職人」などの特集が組まれてきたことは、記憶に新しい。法や民衆に関するシンポジウムでも都市に関連する問題が取り上げられてきた。

このような都市史への関心の高まりは、戦後の歴史学の問題設定に対するある種の批判を内包しているが、その背景には現代社会の急速な変化、すなわち都市化の進展と社会の流動性の増大、第三次産業部門の肥大化と消費傾向の変化などのさまざまな問題が存在していることは疑いない。つまり、都市史研究の活発化は、都市史に対する問題関心の変化を前提としており、その結果、伝統的な都市史研究にもいろいろな角度からの批判がくわえられることになっているのである。

本稿では、以上のような一般的な研究状況の変化に留意しつつ、イタリア中世都市論の可能性について検討して見たいと思う。以下ではまず研究史の問題について触れ、続いて最近の問題提起に対してイタリア都市史の立場から答えるとすれば何が可能であるかを整理したい。

# 一　研究史の問題

## 1　近代市民論と南欧都市論

イタリアが「都市の国」であることは広く知られており、ルネサンスの基盤としての都市社会に対する関心は古くから存在したが、イタリア都市の歴史的・文化的性格を論じようという試みは決して古いものではない。

イタリア都市、より一般的には南欧都市は、北西ヨーロッパ都市との対比において把握されてきた。その際に特に重要な問題として取り上げられたのが、市民意識、市民の団体意識の問題であった。その典型的な例が、増田四郎『西欧市民意識の形成』（一九四九年）に収められた「西欧市民意識の源流」であろう。

この論文では、M・ウェーバーが都市の社会的分析を行った際に、「市民」のシュテンデ的な自覚の有無または強弱の度合に応じて、アジア型都市、西欧古典古代ないしは中世南欧型都市、および中世北欧型都市の諸類型をえぐり出したことが指摘されている。そして、この類型化がウェーバーの大きな関心であったプロテスタンティズムと近代化の問題とどのような内面的関係があるかは必ずしも明らかではないとしながらも、次のように述べられている。

幾世代、否、幾世紀の永きに亘って訓練された公共世界に奉仕する個人の誓約団体としての「都市」、あらゆる魔術的・氏族的な諸制約から解放された等族的自覚に燃える「市民」、それらは断じて近代的な意識に全く無関係なものであり得よう筈がない。ただに精神に於てのみならず、諸制度の面に於ても、中世都市がテリトリウム及び近代国家の法制、例えば税制・軍制・役人制等々に与えた原理的なものの影響は、思いのほかに大きいのであり、あの旺盛な階級的自覚と公共的訓練の伝統なしには、十八世紀以降にみる市民社会の開花を正当に理解することは、殆んど不可能にちかいのではなかろうか。

増田氏はこのように述べ、若干のニュアンスをつけてはあるが、北欧中世都市にめばえた市民意識の近代性を強調している。そして、一一、二世紀において多くの都市で形成されたコンユラーティオ（誓約団体）はもっぱら遠隔地商人層の指導のもとに実現したこと、しかもそれが、南フランスやイタリアの都市の場合と違って、封建貴族や騎士などを異質のものとして排除するところに大きな特徴があったことを指摘した。それゆえに、「市民内部の徹底した階層的分裂」も、「極端に専制的な財閥乃至家柄支配という現象」も表面化しなかったとされる。このように増田氏は北欧（ドイツ・北フランスなどが念頭におかれている）の中世都市の「純粋な」市民的結合の原理が近代市民社会を準備するきわめて重要な要素であることを指摘したのである。

同じく増田四郎「イタリア中世都市の成立について」(中断)

# 解説　かけがえのない細部を慈しむ

池上俊一

一九七〇〜八〇年代、私がヨーロッパ中世史研究を志した当初、おなじゼミの仲間にはドイツやベルギーの都市史を専門にしている院生がいて、彼らからイタリア中世の都市史には東京都立大学の清水廣一郎という非常に優秀な先生がいると、しばしば耳にしていた。

だがその頃の私は、ヨーロッパ中世といえば、なんといってもフランスとドイツが中心で、とにかくそれらの国々の歴史を押さえておかねば中世世界は理解できない、研究方法の刷新で先頭を走っているのもその両国の歴史学界だ、と信じていた。イタリアはといえば、ローマ帝国の栄光を背負い、またキリスト教世界の中枢たる教皇庁があるものの、国としての体裁を得るのは一九世紀も半ばを過ぎてからのことだし、それまではずっと外国支配下に喘いで苦しみ、統一を果たせないまま多くの都市国家や君主国に分裂していた。それゆえ近代化は遅れ、その歴史学界もまさに「地域主義」で、ヨーロッパ全域を見渡す広い視野は欠如し、地元の郷土史家たちの自己満足の研究が多い……そのように見えていた。

ところが、それから数年してフランスに留学し、そこで出会ったクリスティアーヌ・クラピシュ＝ズュベール女史の仕事ぶりを知ってから、私は考えを改めた。中近世のイタリア史の主役であった「都市国家」というのは、文化はいわずもがな、制度や理念の点でも、ヨーロッパ文明を解き明かす最重要の鍵であるし、そこにおける社会的結合関係は、家族・親族、ギルド、兄弟会、隣組など多様で、それぞれの役割やその変化は、ヨーロッパの都市史ばかりかより広いスケールの歴史を考える上でも不可欠の要素であり、しかもイタリアには他のヨーロッパ諸国と異なり、それらを細密に解明するための史料が山程残っているということが分かった。郷土史・地方史的研究も多いが、それらを超えて、ヨーロッパ史としての広がりを備えた研究、さらにミクロストリア（マイクロヒストリー）や数量史を先取りするような研究手法があることも徐々に判明してきた。そしてイタリア人研究者のみでなく、外国人研究者、とりわけ多くのアメリカ人研究者が、新たな手法でさまざまなテーマに挑んでいた。

そんなことからイタリア史とその学界のヨーロッパ史学上の重要性に気づいた私は、フランスから帰国後、清水廣一郎氏を再発見することになった。イタリア史に新風を吹き込んでいる「外国人」の中には、数は少ないながらも、日本人もいたのである（清水氏のほか、星野秀利氏や齊藤寛海氏ら）。ところが清水氏は一九八八年四月末に急逝されて、私が帰国したのは同年一〇月なので、もはやお目にかかることは叶わなかった。

そうした新たな目で清水氏の研究を見直してみると、驚いたことに氏は、「宗教史」領域をのぞいて、ほぼすべての領域において、高い精度での研究を、いわば独力ですでに行っていた。その後、若手の研究者たちが、それぞれの専門分野で中世イタリア史研究を展開していったが、その芽はすべて清水氏の研究の中にあるように思われる。

清水氏の研究を分類してみると、(1)初期から一貫して追究されているテーマとして、フィレンツェやピサを中心に、都市国家としての都市の構造と発展、および都市農村関係の史料に即した制度史的仕事（『イタリア中世都市国家研究』岩波書店、一九七五年）がある。ついで(2)『イタリア中世都市国家研究』の第七論文として邦語で出されたほか、同年伊文でも出版された「十四世紀ピサの農村行政」をはじめとして、古文書館に眠る公証人文書、また帳簿などの史料を掘り起こし、そこから分析・再構成できるかぎりの公証人の職務やカピターニア（地方代官職）による農村行政を解明した行政史、そして(3)ガレー船や帆船を利用したヴェネツィア商人やジェノヴァ商人の活動など、主に地中海貿易を主題にした商業史、さらに晩年には、(4)『社会史研究』第六号（一九八五年）に掲載された「家と家とを結ぶもの――中世末期イタリアにおける嫁資について」に代表される社会史的研究があり、(5)ジョヴァンニ・ヴィッラーニの『年代記』を主要史料として一般向けに書かれた『中世イタリア商人の世界』（平凡社、一九八二年）では、生活史、心性史にも手を染めている。一般向けの著書はもちろん、専門論文も明晰な論理的文章なので、とても理解しやすいという特長がある。

清水氏が生涯追究していたのは、中世トスカーナ史の大きな問題として大家たちが論争を重ねていた「都市農村関係」と、公証人アンドレア・ディ・プーポ・ダ・ペッチョリの登記簿の詳細な分析にもとづく、一四世紀前半のピサの社会経済史であった。いずれも幾編かの論文は公刊されたが、研究途上で斃れられたのは残念至極である。

＊

本書は、清水氏のいわば比較的「晩年」の仕事を集めた七本の論考（およびごく短い書きかけの遺稿一本）から成っている。中世イタリアおよび地中海世界をめぐって、一般読者にも興味を抱きやすいテーマの論考が集められている。

順に簡単に見ていこう。

**「地中海商業と海賊」**：地中海の海上交易では、船舶の軍事力が死活的に重要であり、ヴェネツィア、ジェノヴァ、ピサ、バルセロナなどの船乗り商人は、自ら武装し海賊のように振る舞うことがあった。こうした様子が、ボッカッチョの『デカメロン』をはじめとする一四、一五世紀の小話から多くの例を引きながら紹介されている。

**「ジェノヴァ・キオス・イングランド」**：中世の地中海には、帆船とガレー船が行き交った。ここでは、重く嵩張るものを多量に運搬できる大型帆船に焦点を当て、とくに一五世紀半ばから後半にかけて、ジェノヴァが毛織物工業に必須の原料であった明礬を、東方貿易の中継地としていたキオスから大型帆船で運びだし、イングランドやフランドルにまで届けていたことが語られている。

**「地中海貿易とガレー船」**：ガレー船は中世地中海貿易の花形だが、本論文はこのガレー船について、船体建造法、オール配列法、帆装などの特徴、三本マストに大きな三角帆を張った大型ガレー船の出現の経緯などを解説している。

以上の三論考は、オリジナルな研究というより、欧米の先行研究に依拠したものだが、中世イタリア商人による地中海交易を、「船」に着目して捉えた手頃な邦語文献がほとんどない現在、貴重な業績である。

**「イタリア中世都市の「市民」と「非市民」」**：ドイツ・フランスなどヨーロッパの北部の都市においては、市民とは単純に都市法の適用を受ける者と捉えられるが、イタリアでは、都市は都市国家として農村領域をも支配しており、市民という概念は同心円的・重層的で、都市条例やその他の規定に照らして存在様態がさまざまに異なっていた。この重要な事実に加えて、そうした重層性をもたらした背景がここでは探られている。

**「中世末期イタリアにおける職人・労働者の移動」**：本論文では、J・プレスネルの議論を手がかりに、一三世紀の折半小作制成立以後、イタリア都市周辺農村部で、地主が不在地主化して都市に移り住むほか、保有地を失った小作人も職人や労働者としてさかんに移住した事実が指摘される。そして具体例として、一五世紀シエナへの移住民について紹介し、最後にフィレンツェの有力市民が司政官（ポデスタ）として雇用されて任地の都市プラートに赴く際、引き連れていった部下の存在形態を、司政官が携え日々記載した帳簿の分析から探り、給与の多寡に注目して二グループ分けしている。

**「中世末期イタリアにおける公証人の活動」**：清水氏の研究の中心的史料である公証人文書について、メモ、登録簿、証書という三重構造をもつようになる過程などを含め、じつに分かりやすく、整理紹介されている。また公証人が、イタリア都市社会でいかに必要とされたか、その業務、人数、養成法、官職との関わりなどの説明もあり、今日でも公証人（文書）研究のイントロダクションとして貴重な論考である。

**「イタリア中世都市論再考」**：学会報告を文字に起こした作品である。中世ヨーロッパ都市については、自由・平等で合理的な経済活動を繰り広げる市民が集まった北方の都市がモデルとして扱われるという研究動向が、長くつづいてきた。都市が農村を領主制的に支配し、市民が不在地主となっているイタリア都市は、北方に遅れているないし異質のものとされ、だからこの国では資本主義も近代化も遅れたのだ、という考えが広く共有されていた。

しかしその後、都市を農村や周辺地域と関連させて把握する必要が唱えられ、農村集落に近いものも都市として取り上げていこうという傾向がイタリア以外の都市史研究でも浸透していくと、イタリア都市こそが、南北ヨーロッパの大小さまざまな都市に共通する要素の概念を最大限広く有していることが明らかになってきたという。これを史料レベルから改めて展開することが重要だと、清水氏は言う。

そして最後に具体例としてピサの例を挙げ、安定的な教区共同体・都市共同体が、都市の中心地機能を統括・維持できているからこそ、流動的な住民の吸引がさかんに行われえたのだ、という独自の見通しを提示している。

この講演記録は、（イタリア）中世都市を考える上で今なお重要な論点を多々含んでおり、論文としてより一層厳密に展開されるはずだったが、惜しむらくは論文は未完の絶筆となってしまった。ただ、南欧の都市を遅れた不完全な都市と捉える見方は、南欧の封建制を遅れた不完全封建制と捉える見方とともに、今や完全に過去のものとなっているし、北か南かどちらが先んじていたか、どちらが近代化の典型モデルか、というのは、もはやどうでもよいだろう。清水氏が生涯こだわっていた「都市農村関係論」、イタリア都市の「中心地／共同体論」も、問題設定として、さほど魅力的なものとは思われない。私としては、イタリアの古文書館に大量に所蔵されている公証人文書を使用して、ピサ人やフィレンツェ人やジェノヴァ人の商業活動の実態を解明したり、ピサのアルノ川南側の綿密な地域分析をしている清水氏の姿、かけがえのない細部を慈しんでいるような姿に、強く惹かれる。もちろん、細部をいかに大きなコンテクストに繋げ意味づけられるかが、歴史家には問われるのであろうが。

まったく古びたところのない清水氏の本書は、中世イタリア史研究者の座右の書として今後とも参照されつづけるだろうし、一般読者にとっても、イタリア・地中海の歴史への水先案内人となるに違いない。

（東京大学名誉教授）

# 初出一覧

Ⅰ　地中海商業と海賊　『イスラム世界の人びと4　海上民』東洋経済新報社、一九八四年
Ⅱ　ジェノヴァ・キオス・イングランド　『南欧文化』三、一九七六年
Ⅲ　地中海貿易とガレー船　『中世ヨーロッパ』有斐閣、一九八〇年
Ⅳ　イタリア中世都市の「市民」と「非市民」　『イタリア図書』復刊一、一九八八年
Ⅴ　中世末期イタリアにおける職人・労働者の移動　『日伊文化研究』二二、一九八四年
Ⅵ　中世末期イタリアにおける公証人の活動　『公証法学』七、一九七八年
Ⅶ　イタリア中世都市論再考　『史潮』新二四、一九八八年
Ⅷ　イタリア中世都市論再考――清水廣一郎氏遺稿　『史潮』新二四、一九八八年

KODANSHA

本書の原本『中世イタリアの都市と商人』は、
一九八九年に洋泉社から刊行されました。

清水廣一郎（しみず　こういちろう）

1935年，東京生まれ。東京外国語大学イタリア語学科卒業。一橋大学大学院博士課程修了。広島大学総合科学部教授，東京都立大学人文学部教授，一橋大学経済学部教授を歴任。専攻はイタリア中世社会経済史。1988年4月29日没。著書に『イタリア中世都市国家研究』『中世イタリア商人の世界』，訳書にW・H・マクニール『ヴェネツィア――東西ヨーロッパのかなめ 1081-1797』，『ロレンツォ・デ・メディチ』（編訳）などがある。

---

講談社学術文庫

定価はカバーに表示してあります。

中世《ちゅうせい》イタリアの都《と》市《し》と商人《しょうにん》

清《し》水《みず》廣《こう》一《いち》郎《ろう》

2021年10月12日　第1刷発行

発行者　鈴木章一
発行所　株式会社講談社
東京都文京区音羽 2-12-21 〒112-8001
電話　編集（03）5395-3512
販売（03）5395-4415
業務（03）5395-3615
装　幀　蟹江征治
印　刷　株式会社広済堂ネクスト
製　本　株式会社国宝社
本文データ制作　講談社デジタル製作



---

ISBN978-4-06-525059-4

# 「講談社学術文庫」の刊行に当たって

これは、学術をポケットに入れることをモットーとして生まれた文庫である。学術は少年の心を養い、成年の心を満たす。その学術がポケットにはいる形で、万人のものになることは、生涯教育をうたう現代の理想である。

こうした考え方は、学術を巨大な城のように見る世間の常識に反するかもしれない。また、一部の人たちからは、学術の権威をおとすものと非難されるかもしれない。しかし、それはいずれも学術の新しい在り方を解しないものといわざるをえない。

学術は、まず魔術への挑戦から始まった。やがて、いわゆる常識をつぎつぎに改めていった。学術の権威は、幾百年、幾千年にわたる、苦しい戦いの成果である。こうしてきずきあげられた城が、一見して近づきがたいものにうつるのは、そのためである。しかし、学術の権威を、その形の上だけで判断してはならない。その生成のあとをかえりみれば、その根は常に人々の生活の中にあった。学術が大きな力たりうるのはそのためであって、生活をはなれた学術は、どこにもない。

開かれた社会といわれる現代にとって、これはまったく自明である。生活と学術との間に、もし距離があるとすれば、何をおいてもこれを埋めねばならない。もしこの距離が形の上の迷信からきているとすれば、その迷信をうち破らねばならぬ。

学術文庫は、内外の迷信を打破し、学術のために新しい天地をひらく意図をもって生まれた。文庫という小さい形と、学術という壮大な城とが、完全に両立するためには、なおいくらかの時を必要とするであろう。しかし、学術をポケットにした社会が、人間の生活にとってより豊かな社会であることは、たしかである。そうした社会の実現のために、文庫の世界に新しいジャンルを加えることができれば幸いである。

一九七六年六月

野間省一

## 古代朝鮮
井上秀雄著（解説・鄭早苗）

中国・日本との軋轢と協調を背景に、古代の朝鮮は統一へとその歩を進めた。旧石器時代から統一新羅の滅亡まで、政治・社会・文化を包括し総合的に描き、朝鮮半島の古代を鮮やかに再現する朝鮮史研究の傑作。

1678

## 五代と宋の興亡
周藤吉之《すどうよしゆき》・中嶋　敏著

唐末の動乱から宋の統一と滅亡への四百年史。五代十国の混乱を経て宋が中国を統一するが、財政改革を巡る抗争の中、金軍入寇で江南へ逃れ両朝並立。都市が栄える一方、モンゴル勃興で滅亡に至る歴史を辿る。

1679

## 中世ヨーロッパの城の生活
J・ギース、F・ギース著／栗原　泉訳

中世英国における封建社会と人々の暮らし。時代は十一世紀から十四世紀、ノルマン征服を経て急速に封建化が進む中、城を中心に、人々はどのような暮らしを営んでいたのか。西欧中世の生活実態が再現される。

1712

## ハンニバル　地中海世界の覇権をかけて
長谷川博隆著

大国ローマと戦ったカルタゴの英雄の生涯。地中海世界の覇権をかけて激突した古代ローマとカルタゴ。大国ローマを屈服寸前まで追いつめたカルタゴの将軍ハンニバルの天才的な戦略と悲劇的な生涯を描く。

1720

## 中世ヨーロッパの歴史
堀越孝一著

ヨーロッパとは何か。その成立にキリスト教が果たした役割とは？　地中海古代社会から森林と原野の内陸部へ展開、多様な文化融合がもたらしたヨーロッパ世界の形成過程を「中世人」の眼でいきいきと描きだす。

1763

## 中世ヨーロッパの都市の生活
J・ギース、F・ギース著／青島淑子訳

一二五〇年、トロワ。年に二度、シャンパーニュ大市が開催され、活況を呈する町を舞台に、ヨーロッパの人々の暮らしを逸話を交え、立体的に再現する。活気に満ち繁栄した中世都市の実像を生き生きと描く。

1776

# 中世イタリアの都市と商人

清水廣一郎

講談社学術文庫